KB133140

한국외국어대학교 국제지역연구센터
HK+국가전략사업단 지역인문학 총서 **7**

북방연구 시리즈: 우리에게 북방은 무엇인가

알록달록
유라시아 문화로(路)!

이은경

현 한국외국어대학교 국제지역연구센터 HK+국가전략사업단 연구교수

한국외국어대학교 노어과 졸업. 동대학원 노어노문학과에서 "안드레이 비토프의 『푸시킨의 집』: 픽션과 논픽션의 경계 지우기" 주제로 박사학위를 받음.

저서로는 『포시에트에서 아르바트까지: 러시아 속 한국 문화 발자취 150년』(공저), 『극동의 부상과 러시아의 미래』(공저) 등.

역서로는 『Чёрный журавль спускался с небес』(공역, 고은의 『만인보』러시아어번역판), 『Снег на холме Сончангдонг』(공역, 김지하의 『타는 목마름으로』러시아어번역판) 등.

논문으로는 "마르크 샤갈의 중·후기 작품에 나타난 이율배반성", "문화적 상징으로서의 '원숭이'와 유토피아: 알렉세이 레미조프의 작품들을 중심으로", "러시아문학의 한국적 수용과 번역의 변천사 ― 가독성과 원전 번역 사이에서의 탐구와 모색―", "숄롬 알레이헴의 『메나헴 멘들』: 러시아 유대인의 초상", "투르게네프의 『아샤』: '낭만화'로 구현된 혼종적 문화정체성" 등 다수.

E-mail: yieunkyung@yahoo.co.kr

알록달록
유라시아 문화로(路)!

초판인쇄 2021년 12월 21일
초판발행 2021년 12월 21일

지은이 이은경
펴낸이 채종준
펴낸곳 한국학술정보㈜
주 소 경기도 파주시 회동길 230(문발동)
전 화 031) 908-3181(대표)
팩 스 031) 908-3189
홈페이지 http://ebook.kstudy.com
E-mail 출판사업부 publish@kstudy.com
출판신고 2003년 9월25일 제406-2003-000012호

ISBN 979-11-6801-318-6 94340
ISBN(세트) 979-11-6801-311-7 (전 10권)

한국외국어대학교 국제지역연구센터
HK+국가전략사업단 지역인문학 총서 7

북방연구 시리즈: 우리에게 북방은 무엇인가

알록달록
유라시아 문화로(路)!

이은경 지음

본서는 2021년 3월 30일부터 5월 18일까지 8주에 걸쳐 매주 화요일 디지털타임스에 연재된 내용들을 정리한 것임을 밝힙니다.

이 책은 2020년 대한민국 교육부와 한국연구재단의 지원을 받아 수행된 연구임(NRF-2020S1A6A3A04064633)

북방연구 시리즈:
우리에게 북방은 무엇인가?

　　본 북방연구 시리즈는 한국외국어대학교 국제지역연구
센터 HK+국가전략사업단의 "초국적 협력과 소통의 모색:
통일 환경 조성을 위한 북방 문화 접점 확인과 문화 허
브의 구축"이라는 아젠다의 2년차 연구 성과를 담고 있다.
총 10권의 책들로 구성되어 있는 시리즈는 아젠다 소주
제의 하나인 '우리에게 북방은 무엇인가'라는 질문에 대
한 연구진의 답변으로, 2021년 한 해 동안 일간 디지털
타임스에 매주 '북방문화와 맥을 잇다'라는 주제로 연재
됐던 칼럼들을 기초로 작성되었으며 아래 세 가지에 주
안점을 두고 집필하였다.

　　첫째, 간결하고 평이한 문체를 사용하고자 노력하였다.
사업단의 연구내용을 관련 분야에 종사하는 연구자 및
전문가는 물론 일반대중과 학생들도 쉽게 읽고 이해할

수 있기를 바란다.

둘째, '우리에게 북방은 무엇인가?'라는 질문에 답하는 과정에서 가능한 다양한 시각을 포괄하고자 노력하였다. 정치와 외교, 국가전략, 지리, 역사, 문화 등 다양한 입장에서 살펴본 북방의 의미를 독자 대중이 쉽게 이해할 수 있기를 바란다.

셋째, 통일이라는 목적성을 견지하면서 북방과의 초국적 협력 및 소통이 종국적으로 한반도와 통일 환경에 미칠 영향에 대해 다양한 시각으로 접근하였다.

통일은 남과 북의 합의는 물론 주변국과 국제사회의 협력이 필수적인 지극히 국제적인 문제다. 그리고 북방과의 관계 진전은 성공적인 통일 환경 조성에 필수적 요소다. 본 시리즈가 북방과의 초국적 협력을 통한 한반도 통일 환경 조성에 미약하나마 기여할 수 있기를 기대한다.

2021년 12월
집필진을 대표하여
HK+국가전략사업단장 강준영

목차

북방연구 시리즈: 우리에게 북방은 무엇인가 / 5

01 러시아의 봄맞이 축제: 정교와
   이교 문화의 복합체 / 9

02 노보데비치 수도원: 러시아 역사의 중심에서
   만나는 한국 독립 운동의 기억 / 23

03 솔로베츠키 제도: 수도원과 수용소 사이 / 37

04 캅카스의 포로: 식문화로 살펴본
   캅카스과 러시아 / 51

05 '빵과 소금': 러시아의 환대 문화 / 65

06 보드카를 위한 변명: 절제와
   '말'의 향연 / 81

07 마트료시카: 브랜드로서의 가치와
　　창조적 영감의 원천 / 99

08 키지섬: 도끼로 만들어낸
　　목조 신화 / 115

01

러시아의 봄맞이 축제:
정교와 이교 문화의 복합체

겨울이 유난히 긴 러시아에서 '봄'은 아주 특별한 계절이다. 농경 문화권의 국가들이 그렇듯, 러시아에서도 모든 절기 행사가 농사력으로부터 유래했다. 그중에서도 춘분제는 1년의 시작을 알리는 축제인 만큼 기대감이 남달랐다. 러시아의 봄맞이 축제는 마슬레니차라는 명칭을 갖고 있다. 마슬레니차는 러시아 문화와 러시아인의 기질, 러시아 역사의 특수성, 종교적 특징을 모두 담은 종합적 성격이 짙다.

북반구에 있는 나라들 대부분이 춘분점을 지나는 3월에 봄을 맞이한다. 하지만 희한하게도 러시아 봄맞이 축제는 아직 동장군이 물러가지도 않은 2월에 시작된다. 봄기운을 느낄 수 없는 시기에 축제가 치러지는 이유는 바로 정교(正敎)의 수용과 깊은 연관이 있다.

러시아는 988년 키예프 공국 시절 이래 비잔틴제국으로부터 정교를 수용한다. 그로부터 오늘에 이르기까지 정교는 러시아인의 삶에서 절대적인 부분을 차지해 왔다. 정교를 수용하기 전, 러시아는 다양한 자연숭배와 조상숭배 문화에 익숙해 있었다. 이러한 상황에서 키예프 공국의 블라디미르 대공은 흩어져 있던 세력들을 모아 중앙집권체제를 공고히 하려는 의도로 유일신 사상을 받아들였다. 당시 지중해 무역을 장악하고 있던 비잔틴제국과의 교역을 염두에 둔 점도 정교를 수용하는 데 있어 크게 작용했다.

정교가 수용되면서 민중의 삶에는 대거 변화가 몰아쳤다. 그중에는 이교(異教)적 성격의 축제들이 기독교 식으로 바뀐 것도 포함되었다. 자연숭배 사상의 자리를 기독교의 신격(神格)이 차지하게 되었고, 농사력에 따른 세시풍속은 기독교의 절기 행사로 흡수되기 시작했다. 봄맞이 축제 마슬레니차도 그중 하나였다. 기독교에서 가장 큰 절기 행사 중 하나인 부활절은 보통 4월에 있는데, 문제는 부활절을 맞이하기에 앞서 사순절 기간이 있다는 점이다. 사순절은 예수의 수난을 기념하는 교회 절기로 보통 일요일을 제외한 부활절 이전까지 40일 동안 이어진다. 정교에서는 일요일과 더불어 토요일까지 제외한 40일을 기념한다.

    사순절 기간 유럽에서는 그리스도의 수난에 동참한다
는 의미에서 육식을 하지 않는 관습이 있었다. 하지만
육식을 즐기는 서양 사람들에게는 이 기간이 고통스러
울 수밖에 없다. 그런 이유에서 주로 가톨릭 국가에서
는 사순절이 시작되기에 앞서 마음껏 먹고 마시는 축제
를 3일에서 1주일 동안 즐겼다. 축제는 개인과 공동체
의 결속을 다지는 행사인 만큼 그 특성상 다 함께 먹고
마시고 즐기는 것이 기본이다. 영어에서 축제를 뜻하는 말
인 카니발(carnival)은 라틴어의 '카르네 발레(carne vale,
살코기여, 잘 있거라)' 또는 '카르넴 레바레(carnem levare,
육식 금지)'에서 기원했다. 이는 사순절 기간 육식을 하지
못하는 아쉬움을 축제로 달랬던 유럽인들의 마음이 담겼
던 것이다.

    러시아의 마슬레니차도 정교 수용 이후 기독교 문화
권의 카니발과 마찬가지로 사순절 기간을 앞두고 마음
껏 먹고 즐기는 행사로 바뀌었다. 마슬레니차는 원래
봄이 시작되는 3월에 치러졌으나 사순절 기간과 겹치
게 되면서 겨울이 한창인 2월로 앞당겨지게 되었다.
바로 이 사순절로 인해 춘분제의 날짜까지 바뀌게 되
었고 농경력이 아닌 교회력에 따라 축제 기간이 조정

된 것이다. 마슬레니차라는 말은 '마슬로(maslo, 버터)'라는 말에서 기원했다. 이 축제의 대표 음식은 밀가루와 달걀, 우유를 섞어서 팬에 얇게 부치는 블린(blin)이다. 블린은 러시아인의 식탁에서 흔히 볼 수 있는 일상적인 음식이지만, 마슬레니차 기간에는 평소보다 버터를 많이 사용하여 부쳐낸다. 앞으로 다가올 사순절 기간을 대비해 미리 든든하게 육식(동물성 기름)을 섭취하는 것이다. 축제 음식인 블린은 태양을 상징한다. 여인들은 둥근 모양의 블린을 구워내면서 손안에서 해를 가지고 노는 유희를 즐겼다. 러시아에서는 마슬레니차 기간이면 사람들이 광장에 모여 커다란 블린을 구워내는 모습이 장관이다.

사진 1-1번 블린.
출처 : https://vseomoskve.info/archives/7615

축제는 월요일부터 일요일까지 일주일간 지속되는데 요일마다 주제가 있는 것이 특징이다. 월요일은 '만남의 날', 화요일은 '유희의 날', 수요일은 '미식가의 날', 목요일은 '흥청망청 즐기는 날', 금요일은 '장모의 날', 토요일은 '시누이 초대의 날', 마지막 일요일은 '용서의 날'이다. 먼저 축제의 첫날은 '마슬레니차'와의 만남으로 시작된다. 이날은 마을 어귀에 추첼로(chuchelo)라고 일컫는 커다란 지푸라기 인형을 세워놓고, 태양을 형상화한 수레바퀴를 썰매에 매달고 마을을 돌아다닌다. 또한 죽은 사람들을 추도하고 블린을 구워 가난한 사람들에게 나눠준다. 둘째 날은 신붓감을 보기 위해 사람들이 모여든다. 이는 사순절이 끝나는 대로 결혼식을 올리려고 혼담을 성사시키는 과정이다. 젊은 사람들은 언덕에 올라 눈썰매를 타고 블린을 먹으러 오라고 친척과 지인들을 부른다. 셋째 날에는 장모가 사위를 위해 직접 블린을 구워 환심을 사고 다른 손님들도 초대한다.

사진 1-2번 추첼로.
출처 : https://silaoberega.ru/narodnyj-kalendar/maslenitsa-v-2021-godu-vypadaet-na-nachalo-marta-kak-vstretit-vesnu/

넷째 날은 축제의 흥겨움이 한층 고조된다. 이날부터 '모두가 즐기는 마슬레니차(wide maslenicha)'로 전환된다. 월요일부터 수요일이 '가족 단위로 이뤄지는 축제(narrow maslenicha)'였다면 목요일부터는 축제의 규모가 한층 커진다. 온갖 놀이와 눈싸움, 원무(강강술래), 말타기, 전통놀이인 주먹다툼이 벌어지는 가운데, 이날의 하이라이트는 눈 덮인 마을을 습격해서 점령하는 놀이다. 남자들은 두 패로 나뉘어 주먹다툼을 벌인다. 평지에서 싸우는 경우도 있지만, 한 무리는 언덕 위에, 다른 한 무리는 언덕 밑에 있다가 주먹다툼을 벌이고

언덕을 차지하는 방식이다. 이때 언덕 위의 무리는 눈 덮인 마을, 즉 겨울을 상징한다. 언덕을 차지한 무리는 봄이 겨울을 내몰고 승리하였음을 알린다.

사진 1-3번 마슬레니차의 주먹다툼.
(영화 <러브 오브 시베리아>의 한 장면)

주먹다툼은 러시아의 전통놀이로 엄격한 규칙이 있다. 러시아 문화를 모르는 외국인이라면 과격한 그들의 놀이에 화들짝 놀랄 수도 있다. 그러나 맨손만 사용하기, 한 사람만 집중적으로 때리지 않기, 쓰러진 사람을 또 때리지 않기 등 정해진 규칙에 따라 진행된다. 얼핏 보면 단순 과격한 패싸움 같지만, 남성들의

'집단놀이 문화' 속에 한 해의 묵은 감정을 날려 보내는 러시아인의 특별한 의식이 담겨있는 것이다. 이 밖에도 태양을 상징하는 모닥불을 피우고 불 한 가운데를 뛰어넘으며 즐기는 놀이를 통해, 러시아인은 다가오는 봄에 대한 기대를 한껏 표출한다.

다섯째 날은 앞서 사위를 대접했던 장모에 대한 답례로, 이번에는 장모가 친구들과 친척들을 이끌고 사위를 방문한다. 이날은 딸이 사위의 아내 자격으로 손수 블린을 만들어 대접하고 사위는 장모의 친구들과 친척들에게 환심을 사는 노력을 보인다. 여섯째 날은 갓 시집온 며느리가 시누이들과 남편의 친척들을 초대하는 날이다. 며느리는 시누이들과 미혼인 자신의 친구들을 초대하거나 기혼인 시누이의 가족들을 불러 대접하는 날이다.

축제의 마지막 날인 일곱째 날은 마슬레니차의 절정이다. 사순절을 하루 앞두고 한 해동안 서로에게 불편하게 하거나 모욕을 준 것에 대해서 용서를 구하는 날이다. 묘지에 가서 고인을 추모하고 목욕재계를 하며 축제의 남은 음식을 불태우고 접시를 깨끗이 닦는다. 또한 축제 첫날 만들어놓은 추첼로를 불에 태워 재를

들판에 뿌림으로써 겨울이 완전히 물러갔음을 선포한다. 이러한 의식은 기독교의 풍습과는 거리가 먼 것으로 마슬레니차가 가진 이교적 속성을 엿보게 한다. 겨울의 온갖 묵은 때를 지푸라기 인형으로 상징화하여 화형시키는 의식, 그리고 해를 자신의 손 안에서 자유자재로 갖고 논다는 의미에서 만들어 먹는 블린, 남성들의 놀이를 통해 묵은 감정을 해소하는 것과 조상숭배, 목욕재계에 이르기까지 많은 부분이 민간신앙에 근거하고 있다. 그러나 이러한 이교적 행위들이 정교 수용과 더불어 기독교식으로 완벽하게 결합된 것을 확인할 수 있다. 한바탕의 난장이었던 마슬레니차의 괴기스런 행동들은 마지막 날 '용서의 주일'로 승화된다. 이 날은 '복 프로스티트(신께서 용서하시길)'이라는 말을 주고받으며 서로를 끌어안고 용서를 구한다.

마슬레니차 축제의 근간은 봄을 맞이하면서 새롭게 탄생하는 것이다. 겨울이 물러가고 봄이 오듯, 삶 속에서 묵은 감정들을 해소하기 위한 노력이 이뤄진다. 시댁 식구들과 며느리, 사위와 장모 등 일상생활에서 가장 가까이에 있으면서도 서로에게 상처를 주고 해결되지 않는 관계를 축제 기간 동안 다시 조정해볼 수 있도록 기회를 준다. 더불어 불특정 다수를 향해 시원하게 한 방씩 날리는 놀이는 특정인을 미워하고 저주하는 대신 공식적인 기회를 통해 원망과 분노를 해소할 수 있게 한다.

이러한 과장된 놀이와 지나치리만큼 풍성하고 기름진 음식은 한 해를 살아오면서 쌓였던 어두움을 밀어내고 새롭게 살아갈 힘을 제공한다. 마슬레니차는 러시아인에게 새로운 한 해를 시작하는 삶의 동력을 제공함과 동시에 사순절로 접어들기 전 몸과 마음을 준비하는 의식이기도 하다. 러시아인의 삶에서 중요한 가치인 '삶을 즐기는' 모습이 마슬레니차 축제 안에 고스란히 녹아들어 있다. 인생을 살면서 실수할 수 있고 또 서로에 대한 미움과 원망이 있을 수도 있지만, 이 모든 것을 슬기롭게 해결하고 신께서 이런 모습마저도 다 용서하실 거라는 깊은 신앙이 이들의 축제 속에 묻어난다.

마슬레니차 축제에선 양면적이고도 극단적인 러시아인의 성격을 엿볼 수 있다. 평소 앙금 있던 사람들을 초대해 배가 터지도록 먹이고, 온몸에 멍이 들도록 치고받고 싸우다가 마지막에 진심으로 용서를 구한다. 축제 기간에는 광기가 극에 달하고 먹고 마시며 고주망태가 되지만, 일요일이 되면 다시 일상으로의 회귀를 준비하여 지난 광란에 대한 용서와 더불어 경건의 상태로 들어가는 것이다. 이러한 축제를 통해 배우는 것은 삶에는 적당한 긴장과 이완이 필요하다는 점이다.

잠시 일상을 멈추고 이성에 지배받지 않은 '본능적인 모습', '자연 그대로의 모습'으로의 건강한 일탈은 삶을 더 역동적이게 만드는 지혜라는 생각이 든다. 다소 극단적으로 보이는 방식으로 삶의 긴장을 풀기도 하지만 축제 말미에는 화해와 평화의 의식을 통해 또 다른 방식으로 긴장의 이완을 이끌어낸다는 점에서 삶의 균형을 강조한다. 긴장과 이완 가운데 적절한 삶의 균형을 찾는 사회적 노력이 필요하다는 사실을 러시아의 마슬레니차 축제를 통해 생각하게 만든다.

02

노보데비치 수도원:

러시아 역사의 중심에서 만나는

한국 독립운동의 기억

러시아인은 역사에서 중요한 과업을 이룬 순간마다 신께 감사하며 교회와 수도원을 지었다. 그중에서도 유네스코 문화유산에 등재된 노보데비치 수도원은 우리에게도 뜻깊은 장소이다. 치열했던 러시아 역사의 한복판인 이곳에 놀랍게도 한국의 독립운동에 기여했던 한 인물에 대한 기억이 남아있기 때문이다. 러시아 역사의 굵직했던 순간들을 장식한 노보데비치 수도원 역사와 이곳에 안장된 한국인의 기억과 서사를 따라가 보는 것은, 향후 모스크바를 방문할 사람들에게 해당 장소의 역사적 의미와 한국과의 정서적 친근감을 연결하는 중요한 계기가 될 것이다.

노보데비치 수도원은 모스크바의 대표적인 바로크 양식 건축으로, 1524년 모스크바 대공 바실리 3세가 러시아 서북부의 스몰렌스크를 탈환한 기념으로 건설되었다. 바실리 3세는 리투아니아가 점령한 스몰렌스크를 탈환하면 수도원을 건설하겠다고 서원했고, 이로부터 9년 뒤 이 기도가 실현되었다.

수도원 명칭에 관해서는 다양한 의견들이 있다. '노보데비치'라는 말은 '노보(새로운)'와 '데바(처녀)'라는 말의 합성어로, 타타르 몽골인이 킵차크한국으로 보낼 어린 소녀들을 이곳에서 선발했다는 전설에서 비롯되었다. 또는 1525년 봄, 바실리 3세의 명령에 따라 포크롭스키 수도원의 수녀 18명과 함께 이곳으로 이주해 온 최초의 여자 수도원장 옐레나 데보츠키나의 이름을 기려 지었다는 이야기도 있다. 소녀들을 위한 수도원이라는 데서 유래했다는 말도 있다. 16세기 후반부터 17세기 말에 이르는 동안 황실과 귀족 가문의 여인들이 이곳에서 수도 생활을 했기 때문이다.

수도원의 가장 중심건물인 스몰렌스크 성모 성당은 1524년부터 1525년에 걸쳐 건설되었으며 6개의 기둥과 5개의 돔 지붕으로 구성되어 있다. 수도원에는 스몰렌스크 성모 성당 이외에도 여러 교회들이 있는데, 대부분이 1680년대에 건설된 것들이다. 당시 모스크바 강 부근에는 여러 개의 수도원들이 연쇄적으로 늘어서 모스크바의 방어 체계를 이루고 있었는데, 노보데비치 수도원도 그 중 하나였다. 12개의 망루는 전쟁 시 요새를 겸해서 후방의 크렘린을 든든히 지키는 역할을 수행했다.

사진 2-1번 노보데비치 수도원
출처 : 픽사베이

1km에 달하는 수도원의 웅장한 성벽은 주변의 자연과 어우러져 아름다운 풍경을 연출한다. 수도원은 16세기에서 17세기에 이르는 기간 조성된 벽화들과 모스크바 유파와 노브고로드 유파의 진귀한 이콘화들을 소장하고 있다. 이곳의 명물은 지성소와 회중석을 분리하기 위해 세워놓은 칸막이인 5층의 이코노스타스다. 최상단

에는 구약시대의 족장들, 4층에는 선지자들, 3층에는 그리스도의 책형과 부활, 2층에는 그리스도를 가운데 두고 오른쪽에 성모, 왼쪽에는 세례요한 등의 삼체성상(三體聖像)을 비롯하여 미하일과 가브리엘 천사, 사도 베드로와 사도 바울이 그려져 있으며 1층에는 순교자와 성인, 사제들의 성상화가 질서있게 배열되어 있다.

16세기에서 17세기에 이르는 동안에 노보데비치 수도원은 황실 가족과 명문 가문의 여인들이 삭발례를 올리는 장소였다. 1549년에는 이반 4세(1530-1584)의 딸 안나가 이곳에서 세례를 받고 1년 만에 안장되기도 했다. 이곳 최초의 황실 출신 수녀는 이반 4세의 동생이자 우글리치의 대공이었던 유리 바실리예비치의 미망인 이울리아니야 팔레츠카야였다. 이반 4세의 며느리였던 엘레나 세레메티예바 황태자비도 이곳에 유폐되었다. 1575년 이반 4세의 셋째 아들인 표도르 1세와 보리스 고두노프의 여동생 이리나가 혼인하였다. 명민한 보리스는 황실과 이반 4세의 총애를 받아 차르의 최측근이 되었고, 병약했던 표도르 1세 대신 실세를 쥐었다. 표도르 1세가 후사 없이 사망하자, 보리스와 이리나는 정적들의 표적이 되어 노보데비치 수도원으로

피신했다. 이후 보리스 고두노프는 바로 이 수도원에서 러시아 차르에 등극한다.

하지만 류리크 왕조 출신이 아니라는 것과 이전부터 지워진 주홍글씨가 계속해서 보리스의 발목을 잡았다. 1591년 우글리치에서 표도르 1세의 동생인 드미트리가 성내에 목이 베인 채 사망한 사건이 있었는데, 이 죽음의 배후로 보리스 고두노프가 지목됐다. 유력한 왕위계승자의 죽음이 보리스 고두노프에게 권력을 가져다주긴 했지만, 이것은 그에게 양날의 검이 되었다. 타타르 출신의 이방인이었던 그에겐 늘 정통성의 문제가 뒤따랐고, 이 무렵 모스크바에 대기근이 발생하고 내란과 폭동까지 이어져 궁지에 몰릴 수밖에 없었다. 죽은 드미트리라고 주장하는 사람이 폴란드 왕과 가톨릭 교회의 든든한 지원을 받으며 러시아로 진군해 들어왔다. 가짜 드미트리의 출현으로 보리스는 점점 수세에 몰렸다. 결국 1605년 뛰어난 정치가이자 개혁자였던 보리스가 급사하면서 7년간의 통치는 끝이 나고 만다.

러시아를 근대화하고 제국의 시대를 연 표트르 대제 역시 노보데비치 수도원의 역사에서 빼놓을 수 없는 인물이다. 표트르 대제의 첫 번째 부인 예브도키야 로

푸히나도 이곳에 유폐되어 삭발례를 당했다. 그의 이복형 이반 5세도 이곳에 오랫동안 유폐당해 있었다. 1682년 표트르 대제는 10살의 나이에 지적능력이 떨어지는 이반 5세와 공동차르에 등극한다. 표트르의 이복누이였던 소피야는 이들을 대신해서 섭정하다 훗날 차르의 자리를 놓고 표트르와 권력다툼을 벌인다. 결과는 표트르 대제의 승리였다.

사진 2-2번
<소피야 황녀>(1879). 일리야 레핀 작

소피야는 강제로 삭발례를 당한 후 노보데비치 수도원에서 15년을 지내다 생을 마감했다. 표트르 대제는 소피야를 지지한 반역자 1700명을 숙청하고 핵심 인물 세 명을 그녀의 처소 밖에서 처형한 후 그녀가 볼 수 있도록 창문에 목을 매달아놓았다.

창 너머로 민장(民章)을 든 채로 죽은 자신의 지지자들을 본다는 것이 얼마나 고통스러웠을지는 쉽게 짐작이 될 것이다. 아주 특별한 감옥에서 극심한 고통을 받았던 소피야의 모습은 일리야 레핀(Ilya Repin)의 그림 <소피야 황녀>(1879)를 통해서 확인할 수 있다. 이 그림은 노보데비치 수도원에 유폐된 지 1년 후의 소피야를 그린 것으로, 탄식을 억누르며 분노를 참고 있는 긴장되고 초조한 모습의 소피야와 창문 너머로 어렴풋이 보이는 교수형에 처한 총기병의 모습을 확인할 수 있다. 소피야의 극심한 고통 덕택에 수도원 벽이 마법의 힘을 얻었다는 전설이 있다. 소피야 탑이라고도 불리는 나프루드나야 탑을 방문하거나 탑벽에 기대어 소원을 말하면 모두 이뤄진다고 한다. 이곳에는 질병을 치유하고 행복과 기쁨을 되찾기 원하는 사람들의 발길이 끊이지 않는다.

수도원 근처의 큰 못에는 신비한 분위기가 서려 있다. 얼어붙은 이 못 위에서 표트르 대제가 봉기를 일으킨 총기병들을 참수했고, 그 뒤로 살해당한 자들의 영혼이 사형집행자들을 찾아 끊임없이 저수지 주변으로 모여든다는 소문이 생겨났다. 또한, 성소 주위로는 강제로 삭발례를 당한 죄수들의 유령이 나타나 총기병들과 달리 사람들에게 호의적으로 대하고 수도원에 갇힌 여인들을 도왔다고 한다.

수도원은 자선 단체의 역할도 했다. 1724년에는 군 장교들을 위한 병원과 버려진 여아들을 위한 고아원이 세워졌다. 1812년 조국전쟁 당시 수도원에는 프랑스군 부대가 주둔하고 있었다. 모스크바에서 퇴각하기 전 나폴레옹 군대는 건물에 산재해 있던 지푸라기에 많은 양초를 던지고 화약통을 설치해 심지에 불을 붙였다. 이들이 자리를 뜨자마자, 수도원을 지키기 위해 찾아온 수녀들이 제때 이를 발견하고 불을 진압했다. 나폴레옹은 참새언덕에서 수도원에 불꽃이 피어오르기를 기다리고 있었다. 방화가 실패로 돌아갈 경우 다시 시도할 심산이었다. 마침 수도원 근처에 살고 있던 한 주민이 이 계획을 알고 자신의 집에 불을 질렀다. 불꽃을 확인한 나폴레옹은 최종적으로 퇴각명령을 내렸다. 승리의 표식을 남기고 싶었던 나폴레옹의 계략은 실패했고, 수녀들과 시민들의 기지 덕택에 수도원은 오늘날까지 보존될 수 있었다.

16세기에 이미 수도원 영내에는 교회의 수령들과 상류사회 고위층들의 묘지가 생성되어 있었다. 19세기에는 이곳에 1812년 조국전쟁의 영웅들이 묻혔다. 이후로 고골, 체호프, 마야콥스키 등 문인들을 비롯하여 프로코피예프, 쇼스타코비치, 샬랴핀, 시니트케, 로스트로포비치, 흐보로스톱스키 등의 음악인, 우주비행사 가가린, 흐루쇼프, 옐친 초대 러시아 대통령 등의 저명인사의 묘가 안치되었다. 이곳은 미국의 CNN이 선정한 세계에서 가장 아름다운 묘지 10위 안에 꼽히며, 모스크바 시민들이 즐겨 찾는 산책 장소이기도 하다. 러시아의 역사적인 인물들이 잠들어 있는 이곳에서 뜻밖에도 우리 선조의 흔적을 찾아볼 수 있다.

사진 2-3번 백추 김규면 묘비

러시아 최고의 1급 묘역인 이곳 벽면묘지 제132구역
에는 선명하게 김백추라는 한글 이름이 새겨져 있다.
백추 김규면(1880-1969)은 봉오동 전투를 승리로 이
끈 대한신민단 단장이었으며 대한민국 임시정부 교통
차장과 고려혁명군 참모부원 등을 역임하며 독립운동
사에 많은 행적을 남긴 인물이다. 블라디보스토크에서
한인사회당 결성을 주도했고 1927년에는 장개석의 반
공쿠테타로 국민혁명이 좌절되자 연해주로 돌아와 블
라디보스토크의 한 책방에서 동양서적 판매원으로 일
했다. 말년에 외국문학 출판사에서 한글서적 번역 등

알록달록 유라시아 문화로(路)

으로 연명하면서도 항일무장투쟁 동료들을 도운 것으로 알려져 있다. 우리의 현충원과 같은 위상의 장소에 그가 안장될 수 있었던 것은 1967년 볼셰비키 혁명 50주년 기념행사 때 혁명 유공자로 훈장을 받았기 때문이었다. 김규면 선생은 이곳에 부인 김 나데즈다와 함께 합장된 상태로 잠들어 있다.

노보데비치 수도원은 러시아 역사의 주요 순간을 기억하고 있는 건축기념비이다. 러시아 특유의 신비적 분위기가 서린 이곳은 고통스럽고 처절했던 역사의 순간들을 기억하면서 우뚝 서 있다. 유난히 아름다운 이곳이 가슴 시리게 다가오는 것은 한국의 독립을 위해 불철주야로 분투했던 선조들의 삶과 독립 운동사를 제대로 기억하지 못하고 있는 죄책감 탓일 것이다. 모스크바의 한복판에서 한글로 쓴 묘비를 보노라면 국가와 민족에 대한 책임감으로 멀리 타지까지 가서 독립을 위해 애쓴 선조들의 노고가 그 어느 때보다도 뜨겁고 뭉클하게 다가온다.

03

솔로베츠키 제도:
수도원과 수용소 사이에서

러시아인은 '고통을 통해 구원을 얻는다'는 믿음을 갖고 있다. 러시아 정교회에서 자주 등장하는 그리스도의 모습은 고통 속에서 자신을 낮추는 예수의 이미지이다. 러시아인은 자기 수양의 한 방법으로 저명한 수도사가 살고 있는 수도원 또는 아주 멀리에 위치한 수도원을 찾아가는 순례의 전통이 있다. 순례는 자기 수양을 위한 아주 검소한 형태의 여행이었다.

톨스토이의 단편 『두 노인』(1885)은 성지순례를 떠난 사람들의 이야기를 다루고 있다. 이들은 중도에 서로 다른 선택을 하게 되고, 결국 진정한 의미의 신앙은 율법의 규율이 아닌 사랑과 선행이라는 것을 깨닫는다. 말년에 톨스토이는 모든 재산과 권리를 포기하고 민중 속으로 들어가고자 했지만, 가족들의 반대에 부딪히자 가출을 단행했다. 이것은 일종의 속죄의 순례였다. 오늘날 러시아인이 가장 선호하는 순례의 장소는 모스크바 남부 툴라 주에 있는 톨스토이의 영지 야스나야 폴랴나와 그곳에 있는 그의 묘지이다. 작품을 통해 영적 순례의 길을 안내한 톨스토이에 대한 경외와 그의 가르침을 본받으려는 마음이 사람들의 발길을 그곳으로 이끌고 있다.

도스토옙스키도 순례여행을 떠난 적이 있었다. 세 살 난 아들 알료샤가 간질로 죽자 도스토옙스키는 철학자 블라디비르 솔로비요프와 함께 모스크바 서남부 칼루가 주 코젤스크 근처에 있는 옵티나 푸스틴 수도원을 방문한다. 러시아에서 가장 오래된 수도원 중 한 곳인 이곳에서 도스토옙스키는 러시아 전역에 성덕으로 알려진 암브로시 장로를 만나 깊은 감동과 위안을 받는다. 이로부터 1년 뒤 아들을 잃은 고통과 수도원에서의 회복이 자양분이 되어 <카라마조프가의 형제들>(1880)이 발표되었다. 옵티나 푸스틴 수도원은 소설의 배경이 되었으며, 죽은 아들 알료샤는 수도원에서 생활하는 셋째 아들 알료샤로 환생했고, 암브로시 장로는 도스토옙스키의 사상을 대변하는 조시마 장로로 탄생했다.

유서 깊은 수도원을 방문하는 것은 신의 위로와 회복을 기대하는 러시아인의 오랜 믿음에서 기인한다.

수도원을 향한 순례의 길은 저 멀리 북극으로까지 이어진다. 러시아 서북단 솔로베츠키 수도원은 쉽게 접근할 수 없는 거리에도 불구하고 사람들의 발길이 끊이지 않는 곳이다. 이곳은 세상과 떨어져 은둔하기 좋은 환경에 숲과 호수로 둘러싸인 천혜의 풍광까지 더해져 숨 막힐 듯한 아름다움을 선사한다. 솔로베츠키 수도원은 러시아에서 가장 아름답고도 잔혹한 역사를 가진 수도원이다. 이곳은 러시아 정교의 찬란했던 역사와 문화를 마주할 수 있는 곳이자 암울하고 어두웠던 소련 현실의 증언이다. 유서 깊은 정교회 성지이면서 동시에 강제노동수용소로 악명을 떨친 유형지였던 이곳은 순례 여행의 의미를 되새겨보게 만드는 공간이다.

수도원이 위치한 솔로베츠키 제도는 러시아 북부의 항구도시 아르한겔스크에서 290㎞ 떨어진 백해 서쪽 지역에 6개의 섬으로 이루어져 있다. 이곳은 기원전 5000년 중반부터 사람이 살기 시작한 것으로 추정되고 있어 역사적으로 상당히 중요한 곳이다. 중석기시대의 미로와 돌무덤, 종교적 제례와 장례 유적 등의 여러 고고학적 흔적은 고대인의 생활을 연구하는 데 있어 중요한 사료가

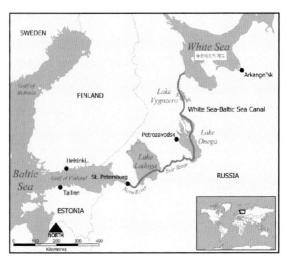

사진 3-1번 솔로베츠키 제도의 위치.
출처 : 위키피디아

되고 있다. 뿐만 아니라 해안선에 있는 식물과 변종의 변화로 기후 변화의 흔적을 찾아볼 수 있는 곳이기도 하다.

솔로베츠키 수도원은 1430년대에 키릴로 벨로제르스크와 발람 수도원에서 온 세 명의 수도사가 나무로 지은 작은 예배당으로 시작했다. 이후 많은 수의 수도사들이 이곳에 와서 자리를 잡고 수도 생활에 힘썼다. 16세기 중엽에는 수도원장 필리프 콜리체프가 경제개혁을 주도하여 도로가 나고 낙농장과 관개시설이 만들어졌으며, 벽돌 제조와 도예 같은 새로운 산업이 활성화되기 시작했다. 또한, 정교와 관련된 기념비들을 세우도록 독려하여 성지(聖地)화하는 작업이 이뤄졌다.

사진 3-2번 솔로베츠키 수도원
출처 : 픽사베이

1582년과 1594년 사이에 석조 요새가 건설되면서 솔로베츠키 제도는 그 지역의 경제, 종교, 군사 그리고 문화 중심지가 되었다. 사람이 살기 힘든 환경에도 불구하고 솔로베츠키 수도원은 종교 공동체가 잘 정착된 곳이었다. 성상 그리기, 나무 조각공예, 판화, 석판인쇄 등의 공예 예술이 발달했고, 수도원에는 제염소와 대장간, 제분소가 딸려 있었다. 기도와 수행을 하는 수도사들은 학문연구에 힘쓰며, 제염, 철공, 도공, 어업, 목축, 도로와 수로 건설 등 다양한 일을 했다. 이들은 물고기를 잡고 기르기도 했으며 동물을 사냥하고 채소를 재배했다. 그리하여 솔로베츠키 제도의 주요 섬들뿐만 아니라 본토까지 영향력을 넓히면서 16세기 말에 이르러서는 러시아 정교회의 중심적인 역할을 감당하기에 이른다.

솔로베츠키 수도원은 니콘 총대주교가 주도한 교회 전례(典禮) 개혁에 반대한 구교도(분리파 교도)의 근거지였다. 1668년에서 1676년에 이르는 동안 이곳의 수도사들은 니콘의 개혁에 반대하는 강력한 무장 투쟁을 벌였다. 1667년 러시아 정부는 솔로베츠키 수도원의 영지와 재산을 몰수하는 조치를 취하고 1년 뒤에는 차르의 군대가 수도원을 포위하며 압박했다. 다양한 무장 투쟁을 벌이던 솔로베츠키 수도원은 결국 정부군에 패하고 만다. 1714년 드비나 강 북쪽 입구에 요새가 건설되면서 수도원은 군사적 기능을 상실하였으나, 요새는 감옥으로 계속 사용되었다. 솔로베츠키 수도원은 스웨덴 등 북유럽에서 내려오는 가톨릭 세력을 방어하는 러시아 정교의 군사적 전초기지이기도 했다. 흑해에서 러시아 군이 영국과 프랑스의 연합군에게 대패하고 있던 크림 전쟁(1853-1856) 동안에도 수도원은 외적을 막아내는 군사 요새 역할을 충실히 해냈다. 1854년 7월 5일에는 무려 9시간에 걸쳐 1,800발의 포탄과 폭격 등 영국군함의 집중 포격을 받았다. 그러나 교회 외벽과 돔이 일부 손상을 입은 것 외에 단 한 명의 사상자도 나지 않았을 만큼 러시아의 자존심을 지킨 곳이었다.

솔로베츠키 수도원은 무역의 거점이 되어 여러 도시와 교역을 증대했다. 1822년 대수도원장이던 마카리가 마카리예프 푸스틴이라는 이름의 작은 수도원을 세웠고, 이곳이 후에 식물원으로 바뀌어 이곳 온실에서 재배한 채소와 과일이 여러 도시에 공급됐다. 솔로베츠키 수도원은 북위 65도 극한의 환경에서도 수도사들의 불굴의 의지와 끈기로 자리를 잡은 성공적인 사례였다. 그러나 볼셰비키 혁명이 몰아친 이후 솔로베츠키 제도는 소름 끼치는 수용소군도로 바뀌게 된다,

러시아에서 수도원이 감금의 장소로 활용된 역사는

16세기 이반 4세 치세 때로 거슬러 올라간다. 요새화한 수도원은 한번 들어오면 빠져나갈 수 없는 감옥으로 적합했고, 수도사들이 기거하던 작은 방은 정치범을 수감하기에 제격이었다. 황실의 가족을 유폐시켰던 과거의 경험을 거울삼아 볼셰비키 정부는 이천만 명이 넘는 사람들을 '인민의 적', '반혁명 분자'로 몰아 전국의 수용소로 보냈다.

  1923년 솔로베츠키 제도(솔롭키)에 '특별지정 북부수용소', 약어로 슬론(SLON, the Solovetsky Lager Osobogo Naznachenia)이 문을 열었다. 최초의 강제노동수용소 '굴라크(Gulag)'였다. 솔롭키에 수감된 죄수는 1927년 1만 명에서 1932년 10만여 명으로 급격히 불어났다. 공업화 추진에 혈안이 되어 있던 스탈린은 굴라크의 노동력을 적극 활용할 계획을 세웠다. 당시 스탈린 정권이 자랑하는 거대 토목 프로젝트가 야쿠츠크에서 시작해 오호츠크해에서 마가단에 이르는 콜리마 대로와 더불어, 발틱해, 라도가 호수, 오네가 호수, 백해를 잇는 운하였다. 1931년 솔롭키의 죄수들은 백해와 발트해를 연결하는 227km의 운하건설 사업에 투입되었다. 소련 제1차 5개년계획 핵심 사업으로 선정된 이 프로젝트에 솔롭키를 비롯하여 각지에서 죄수들이 모여들었고, 이들은 도끼와 톱, 망치만으로 불과 2년 만에 운하를 건설했다. 열악한 환경 속에 첫해 겨울에만 25,000명에 이르는 재소자들이 죽었을 정도로 그 대가는 참담했다.

솔롭키를 탈출한 죄수들의 증언으로 수용소 죄수에 대한 구타와 학살이 만천하에 알려졌다. 서방세계로부터 강한 비난을 받자, 스탈린은 문학가 막심 고리키에게 이곳을 방문하라고 권유했다. 고리키는 1929년 7월 20일에 솔롭키에 도착해서 그 다음 날 바로 떠난다. 고리키의 방문은 솔롭키를 관리하고 있던 통합국가정치국에게 유리하게 작용했다. 1929년 고리키는 <우리의 달성>이라는 잡지에 '소연방 기행' 시리즈의 일환으로 '솔롭키'라는 글을 발표하였다. 그는 수용소가 좋은 조건을 갖추고 있으며 죄수들을 효과적으로 교화시키고 있다고 묘사했다. 소비에트 당국의 공식적 그림에서 크게 벗어나지 않는 묘사는 고리키가 스탈린 정책의 지지자라는 것을 확실히 보여주는 증거였다.

솔롭키의 비인간적 실상은 솔제니친의 『수용소 군도』에 상세히 묘사되어 있다. 솔롭키를 배경으로 한 이 작품은 제3부의 '박멸-노동수용소'라는 제목으로 이곳의 실상을 알린다. 솔롭키의 밝은 분위기 속에서 죄악조차 존재하지 않을 것 같고, 이러한 자연에서도 죄악도 살아남을 것 같지 않다는 작가 프리시빈 말로 시작하면서 솔제니친은 이곳이 잔혹해지고 종양을 전이시키는 주체가 되어가는 과정을 적나라하게 그려내었다.

사진 3-3번 500루블 지폐에 담긴 솔로베츠키 수도원
https://zen.yandex.ru/media/kentchanneltv/soloveckii-mujskoi-monastyr-izobrajenie-na-500-rub-banknote-vsia-pravda-5d88d694ba281e00aea032d3

솔롭키는 2차 세계대전이 발발하자 해군 훈련소로 전환되었다가 1974년 국립역사·자연보호구역으로 지정되었다. 1990년 구소련 사회의 급격한 해체 흐름 속에서 수도사들은 섬으로 돌아오고 수도원이 재건되기 시작했다. 1992년 솔로베츠키 수도원을 포함한 솔로베츠기 제도의 역사 문화 유적은 유네스코 세계문화유산으로 등

재되었다. 솔롭키는 어떤 주체가 관리하고 목표가 어떻게 달라지느냐에 따라 동일한 조건 하에서도 용도가 변경되는 것을 보여주는 역사적 교훈이다. 수도사들의 노력으로 일궈낸 아름답고 신비한 경관의 솔롭키가 권력에 의해 추악한 지옥이 될 수 있었다는 건 인간 안에 내재된 악성(惡性)에 대한 경계와 반성이 필요함을 일깨운다. 역사의 어두움을 뚫고 새롭게 일어선 솔로베츠키 수도원을 통해 오랜 인고의 세월이 헛되지 않음을 배워야 할 것이다. 종교공동체, 방어 요새, 상업 교역지, 해군기지, 수용소 등 다양한 역할을 했던 수도원은 러시아 역사의 중요한 순간을 모두 품고 있다. 그곳을 향하는 순례자들은 극심한 고통 속에 처했던 수용소 죄수들의 흔적을 따라가며 순례의 의미를 되새긴다.

칸카스의 포로:

식문화로 살펴본 칸카스과 러시아

유럽에서 가장 높은 엘부르스 산이 있는 곳, 터키 동북부, 흑해와 카스피해 사이에 위치한 캅카스(Kavkaz) 지역은 유럽과 아시아의 길목이자 점이지대로서 많은 사람들의 이목이 집중되는 곳이다. 해발 2500m에서 5000m 되는 험한 산들이 가로지르는 캅카스는 17세기 말부터 러시아인의 유입이 시작되었다. 국토의 70%가 평원인 러시아에서는 우랄산맥 인근이나 남동부 지역을 제외하고는 산악 지대를 볼 수 없다. 이러한 가운데 캅카스 역시 러시아인에게는 쉽게 접근할 수 없는 거칠고 위험한 지역이었다. 17세기부터 이곳은 도망쳐온 농노들과 구교도(분리파교도)들의 피난처였으며 농노제 폐지와 자유를 부르짖다 압박당한 돈강 지역의 카자크들이 모여들던 곳이었다.

푸시킨과 톨스토이는 독특한 자연환경과 역사적 배경을 가진 캅카스를 자신의 작품 속에 이국적인 매력을 가진 낭만적 공간으로 그려내어 찬사를 받았다. 또한, 러시아 현대사를 주름잡았던 굵직한 인물들 중에는 캅카스 출신이 상당수 있었다. 소련공산당 서기장이었던 스탈린, 소련 외무부장관을 역임하다 독립 이후 조지아의 2대 대통령을 지낸 셰바르드나제, 작곡가로 유명한 하차투랸 등이 대표적인 조지아 출신이다. 혁명시인 마야콥스키가 조지아에서 태어났으며 노벨문학상을 수상한 솔제니친 역시 북캅카스 출신이다.

이와 같은 캅카스 출신의 정치인과 문학가, 문화예술인은 러시아의 중심에서 활동하며 큰 족적을 남겼다. 그들의 공적 중 하나는 자신들의 민속 문화로 러시아 문화를 더욱 풍성하게 만드는 역할을 했다는 점이다. 아르메니아 혈통으로 조지아에서 출생한 하차투랸의 음악이 대표적이라 할 수 있다. 그는 아르메니아와 조지아, 터키·아제르바이잔의 민속음악 전통에 관심을 갖고 다채로운 관현악곡과 발레음악, 영화음악, 극음악, 관현악곡을 작곡했으며, 아르메니아의 국가도 작곡했다.

캅카스는 그리스 신화에도 등장한다. 인간에게 불을 가져다 준 죄로 프로메테우스는 제우스에게 벌을 받아 캅카스 산 바위에 묶여 독수리에게 간을 쪼아 먹힌다. 로마의 시인 오비디우스는 캅카스 산을 굶주린 이들이 사는 춥고 거친 산으로 묘사했다. 이아손의 황금 양털 이야기에서 메데아와 이아손이 만난 곳도 바로 이곳 캅카스다. 하늘 높이 솟아오른 고산들 속에 북캅카스를 가로지르는 체겜강과 테렉강, 말카강, 그리고 수많은 폭포들로 이뤄진 절경은 신화의 세계 속에 빠져들게 만든다.

푸시킨, 레르몬토프, 톨스토이, 고리키를 비롯하여 아흐마둘리나, 비토프 등 수많은 러시아 작가들이 캅카스를 배경으로 작품을 썼다. 그중에서도 푸시킨의 서사시 <캅카스의 포로>(1822)는 캅카스에 매료될 수밖에 없는 강렬한 인상을 부여했다. 푸시킨은 외부세계를 관찰하는 러시아인 포로의 시선으로 캅카스의 깎아지른 봉우리, 솟구치는 샘물, 황량한 평원, 타는 듯한 광야를 생생하게 담아내었다. 포로의 탈출을 도운 체르케스 여인의 조력과 희생은 산악 민족에 대한 인식을 바꿔놓기도 했다. 푸시킨이 노래하듯 캅카스는 가슴 따뜻한 시절과 모순 가득한 정열의 추억을 찾을 수 있는 곳이었다.

푸시킨의 이 작품은 톨스토이에게도 영감을 주어 또 하나의 동명소설이 탄생될 수 있게 했다. 톨스토이의 단편 『캅카스의 포로』(1872)는 푸시킨의 이야기와 기본 골격은 같지만 두 명의 포로와 주인공의 탈출을 도와주는 어린 소녀로 등장인물에 변화를 주었고, 인간의 도덕적 가치와 헛된 탐욕을 섬세하게 그려내었다. 영화 <캅카스의 포로>(1996)는 세르게이 보드로프 감독이 톨스토이의 동명소설을 모티프로 만든 것이다. 1990년대 체첸 전쟁을 배경으로 한 이 영화는 오스카상과 골든글로브상에 노미네이트되기도 했다.

하지만 대부분의 러시아인은 영화 <캅카스의 포로>라고 하면 풍자와 패러디가 넘쳐났던 1967년판 소련 코미디 영화를 먼저 떠올릴 것이다. 이 영화의 제목 역시 푸시킨의 서사시에서 유래했다. 다만 한국어 번역으로는 잘 드러나지 않지만, 이 영화의 제목에서 포로는 여성형 명사를 사용하고 있다. 민속학자인 주인공은 캅카스의 풍습과 민속을 취재하러 출장을 왔다가 이색적인 문화체험을 하게 된다. 주인공은 끊임없이 술을 권하는 문화에 정신을 못 차리고, 설상가상으로 캅카스의 풍습인 줄 알고 여대생을 보쌈해가는 악당들에게 일조를 한다. 뒤늦게 속은 것을 안 주인공은 그녀를 구하기 위해 백방으로 뛰어다니다 결국 구출에 성공한다. 이 영화는 캅카스의 음주 문화와 보쌈 문화를 흥미롭게 다루면서 러시아와 캅카스 간의 문화적 차이에 대한 호기심과 신선함을 불러일으켰다. 이처럼 '캅카스의 포로'는 시대와 장르를 뛰어넘어 러시아인에게 매력적인 주제였다.

오늘날 러시아인은 또 다른 의미에서 캅카스의 포로라고 할 수 있다. 19세기 전반 러시아는 1817년에서 1864년까지 이어진 캅카스 전쟁 끝에 북캅카스 지역을 제국의 영토에 편입시켰다. 오랜 전쟁으로 인해 당시 러시아에서는 캅카스에 대한 사회적 관심이 높아져 있었다. 낭만주의가 우세한 시대적 분위기 속에 이국에 대한 동경과 험준한 산악이 주는 원초적 자유 이미지에 매료된 지식인들이 많이 생겨났다. 캅카스는 그곳을 방문한 작가와 예술가들에게 창조적 영감을 주었을 뿐만 아니라 캅카스 문화의 포로로 만들어 놓았다.

캅카스가 러시아에 미친 절대적 영향 중 하나가 식문화이다. 오늘날 러시아에서 맛집이라고 하는 곳들은 대부분은 조지아와 아르메니아, 아제르바이잔의 음식을 파는 식당들이다. 여행자들이 가장 인상적인 러시아 음식을 꼽을 때마다 빠지지 않고 나오는 것이 러시아식 케밥 샤실리크(shashlik)이다. 샤실리크는 쇠꼬챙이에 크게 썬 양고기를 꿰어 숯불에 구워먹는 음식으로, 양고기 외에도 돼지고기, 닭고기, 연어 등을 사용하기도 한다. 러시아의 전통음식으로 알려져 있지만 캅카스에서 유래한 음식이며,

샤실리크라는 단어도 튀르크어에서 기인한 것이다. 샤실리크 외에도 우리의 만두와 유사한 힌칼리(khinkali) 역시 대표적인 조지아 음식이다. 러시아 음식이 캅카스로부터 받은 영향은 절대적이라고 할 수 있다. 비단 음식만이 아니다. 러시아의 대표적 술이라고 알려진 보드카만큼이나 러시아인에게 사랑받는 알코올음료가 있다. 바로 조지아산 와인과 아르메니아산 코냑이다.

사진 4-1번 캅카스의 음식
출처 : https://food.inmyroom.ru/posts/25913-shest-priprav-bez-kotoryh-nemyslima-kavkazskaya-kuhnya

캅카스의 식문화가 갖는 힘이 얼마나 큰지는 러시아의 지원을 받고 있는 남오세티아와 조지아의 분쟁을 통해서도 살펴볼 수 있다. 캅카스에 위치한 두 나라의 분쟁 때마다 끊임없이 부상하는 이슈가 있다. 조지아는 보복 조치로 러시아에 물과 와인 수출을 금지시키고, 러시아는 모스크바 시내의 최고급 조지아 레스토랑을 폐쇄한다. 조지아의 수출금지 조치는 러시아를 상대하는 가장 강력한 무기다. 러시아인은 조지아산 물과 와인 없이는 생활이 어렵다고 해도 과언이 아니다. 소련 시절부터 러시아인이 가장 즐겨 마시는 생수와 와인 브랜드 상위권이 모두 조지아 것이기 때문이다. 이런 조치가 취해지면 러시아는 유럽의 제3국을 통해 조지아산 물과 와인을 수입해온다. 그야말로 러시아에서 조지아의 식문화 가치가 어떠한지를 상징적으로 보여주는 예다.

조지아와 아르메니아가 옛날부터 포도 농사로 유명했다는 사실은 성경에서 근거를 찾을 수 있다. 노아의 방주는 대홍수 끝에 아라라트 산에 도착한다. 노아는 이곳에서 포도 농사를 짓고 포도주를 만들어 먹었다. 실제로 인류 역사상 가장 오래된 와인의 흔적이 발견된 곳은 조지아다. 조지아에서 기원전 6000년 전 와인을 발효하고 보관하던 항아리인 크베브리(kvevri)가 대거 발견되었으며, 양조용 포도 씨앗도 발견되었다.

조지아와 아르메니아 모두 양질의 와인과 코냑을 생산한다. 다만 국제 브랜드로 홍보되고 대중화되는 과정에서 조지아가 와인으로 먼저 이름을 올렸고, 아르메니아는 코냑으로 알려져 각각 제품을 특화시켜 생산하고 있다. 아르메니아의 코냑이 갖는 상징성은 대단하다. 로마역사가 플리니우스와 타키우스에 따르면 로마시대부터 아르메니아산 코냑은 황제에게 진상되던 최상품이었다. 아르메니아산 코냑은 소련의 대표적 상품으로 해외 정상들을 대접할 때에도 등장했다.

1943년 테헤란 3국 수뇌회담에서 스탈린은 코냑 마니아로 유명했던 처칠에게 의전 선물로 아르메니아산 코냑 두 박스, 12병을 보냈다. 스탈린이 보낸 코냑은 1942년에 출시되어 시중에 공개도 되지 않았던 아르메니아산 '드빈(Dvin)'이었다. '드빈'은 아르메니아 코냑의 아버지라 불리는 마르카르 세드랴캰이 만든 50도의 코냑이었다. 이보다 앞선 1941년 영국 외무부장관 안소니 이든(Anthony Eden)이 모스크바에서 슈스토프산 아르메니아 코냑을 가져갔지만, 처칠이 이것을 맛보았는지에 대해서는 알려져 있지 않다. 혁명 전까지만 하더라도 러시아에서 코냑은 아르메니아의 슈스토프와 조지아 접경 다게스탄 지역의 키즐랴르에서 생산되고 있었다. 그 중에서도 슈스토프산 코냑은 최고의 품질로 알려져 있었다.

1945년에는 처칠의 요청에 따라 스탈린은 매달 '드빈'을 영국으로 보냈고, 처칠은 1951년까지 아르메니아산 코냑을 마셨다고 한다. 1949년 처칠의 75세 생일에 스탈린이 75병의 '드빈'을 선물로 보내자, 처칠은 자신이 100살이 아닌 것을 몹시 아쉬워했을 정도였다. 소련에서는 널리 퍼져있던 처칠과 아르메니아산 코냑의 이야기에 대한 신빙성 논란이 꾸준히 존재했다. 처칠의 회상록에 따르면, 그는 평생 프랑스산 코냑 하인(Hine)과 프랑스산 샴페인 폴 로저(Pol Roger)만 마셨다고 한다. 처칠이 아르메니아산 코냑을 즐겼다는 사료는 존재하지 않고, 일각에서는 이 이야기가 조지아 출신인 스탈린을 모욕하기 위해 만든 것이라고 전해진다.

사진 4-2 노이 코냑
출처 : https://zugunder.com/index.
php?topic=326448.150

사진 4-3번 아라라트 코냑
출처 : https://vyborexperta.ru/produkty/
luchshij-konjak/?nowprocket=1

아르메니아산 코냑은 1877년에 설립된 예레반 아라라트 코냑 와인 보드카 콤비나트에서 생산되는 '노이(Noy)' 그리고 1887년 설립된 예레반 코냑 공장에서 생산되는 '아라라트(Ararat)'와 '드빈'이 있다. 아르메니아의 대표적 코냑 브랜드 '아라라트(Ararat)'는 아르메니아 민족의 상징적인 산 이름에서 유래했다. 앞서 출시된 '노이'는 우리식 발음으로는 '노아', 즉 아르메니아인이 자신들의 선조라고 여기는 성경의 인물에서 따온 것이다. 코냑의 명칭에서 민족과 신앙에 대한 자부심이 강하게 묻어나는 것을 확인할 수 있다. 코냑은 원래 프랑스의 코냑 지방에서만 생산되는 브랜디에만 붙이는 명칭이지만, 아르메니아 코냑은 1900년 파리 만국박람회에서 브랜디 부문 그랑프리를 수상하며 뛰어난 맛으로 코냑협회의 승인을 받아 프랑스산이 아님에도 불구하고 세계에서 유일하게 코냑이란 명칭을 사용하고 있다.

캅카스는 물과 술, 음식으로 오늘날 러시아인의 식탁을 채우고 있다. 입맛이 사로잡힌 러시아인은 캅카스의 포로인 셈이다. 정치적 갈등과는 상관없이 캅카스의 문화가 러시아로 들어와 충돌하지 않고 자연스럽게 어우러지는 과정에서 문화의 포용성이 갖는 위대함을 새삼 발견한다. 여전히 화약고인 캅카스가 서로에게 반목하지 않던 평화로운 시절을 기억하고 그 풍성한 문화들로 활기를 되찾기를 바란다. 한동안 러시아는 자국의 와인 브랜드 개발에 대대적인 투자를 하며 박차를 가했다. 브랜드가 국력이 되어버린 오늘날 더이상 조지아산 와인과 아르메니아산 코냑에 마냥 기댈 수만은 없기 때문이다. 과거 다양한 민족과 문화를 받아들여 평화롭게 살던 시절을 기억하는 사람들 사이에서, 비록 인권 및 공산당 독재정치와 관련한 많은 논란이 있긴 했지만 여러 공화국들을 통합하고 각 지역의 문화를 자연스럽게 흡수했던 소련에 대한 향수가 짙어지는 이유를 어느 정도 이해할 수 있는 부분이기도 하다.

05

'빵과 소금':
러시아의 환대 문화

러시아와 동유럽을 구성하는 민족들을 슬라브족이라고 부른다. 예로부터 슬라브족을 특징짓는 징표 중 하나가 환대 문화다. 러시아인의 환대는 물질적 관대함뿐만 아니라 인간 영혼의 위대함을 보여준다. 환대의 기본은 손님을 맞이해서 상을 차리고 음식을 대접하는 것이다. '상다리가 휘어진다'라는 우리의 속담처럼 러시아에서 '상차림이 산(山)같다'라는 말이 있다. 인심이 후한 주인은 손님에게 최고로 좋고 맛난 음식을 내줄뿐 아니라 마지막 남은 것까지 아낌없이 나눠주려고 한다. 손님을 집안으로 들여 숙식을 제공하고, 심지어 먼 길을 떠날 때도 이것저것 챙겨주는 행동은 러시아인에게 지극히 자연스러운 일이다.

이러한 환대 문화는 소설에서도 잘 나타난다. 톨스토이의 단편 <사람은 무엇으로 사는가>는 가난한 구두 수선공이 길에서 만난 이웃을 집으로 데려오는 이야기로 시작된다. 주인공 세묜은 어느 날 밀린 수금을 받으러 갔다가 돈도 제대로 못 받고 집으로 돌아오던 길에 알몸으로 있던 이웃을 발견하고 자신의 겉옷을 벗어준다. 남편이 수금을 못 한 것도 모자라 낯선 남자까지 데려오자 아내 마트로나는 불만을 터트린다. 하지만 그것도 잠시, 그녀는 이웃을 가엾이 여기고 식사를 차려주고 옷을 내주고 잠자리를 제공한다. 톨스토이의 단편은 러시아인이 손님을 대하는 전형적인 모습을 엿볼 수 있게 한다.

음식은 환대에 있어 빠질 수 없는 요소 중 하나이다. 빵과 소금은 오랫동안 러시아어에서 합성어로 사용되어오면서 속담에도 반영되었다. '소금 없이는 맛이 있을 수 없고 빵 없이는 만족스러울 수 없다'라는 말이 있을 정도로 빵과 소금은 러시아인의 일상에서 절대적인 부분을 차지했다. 러시아에서는 빵과 소금으로 인사를 하고 존경을 표했다. 러시아인은 집을 짓거나 집들이를 할 때 빵과 소금으로 새로운 삶을 시작했으며, 결혼하는 젊은이들을 축복하거나 악귀를 몰아낼 때도 사용했다.

'빵과 소금'이라는 표현은 처음에는 단순히 먹거리

와 음식을 뜻했지만, 나중에는 '환대'를 의미하는 말이 되었다. 빵과 소금의 결합은 우연이 아니었다. 향긋한 호밀 빵은 부유함과 풍족함을 상징했고, 당시만 하더라도 희귀한 양념이었던 소금은 악령으로부터 보호하는 능력으로 인정받았다. 13세기 이전까지 러시아 영토에서는 소금이 전혀 생산되지 않았다. 키예프 루시는 바다에서 먼 내륙지역에 있는 탓에 멀리 발트해에서 소금을 수입해왔고, 후에는 우랄에서 그리고 시베리아에서 공수해 왔다. 이마저도 해수에서 얻은 소금이 아닌 동굴이나 광산에서 채취한 것이었다. 그렇다 보니 소금은 귀하고 가치있는 것으로 평가되었다. 러시아에서는 잔치에 초대할 때 '빵과 소금을 드시러 오세요'라고 말했다. 러시아의 손님맞이에 있어 빵과 소금은 물질적인 대접만이 아닌 상징적 의미를 지니는 것이었다. '흘렙(빵)'과 '솔(소금)'의 합성어로부터 '흘레보솔스트보(환대)'라는 말이 만들어졌고, 이것은 오늘날 러시아의 중요한 문화 코드로 자리 잡았다.

러시아에서는 어느 집이건 손님은 무조건 환대를 받았다. 손님이 오면 다들 몸을 낮춰 인사를 하고 조심스레 그 주위로 모여들었다. 식탁에는 최고의 음식이 제공되었다. 손님이 오기로 예정되어 있다면, 도착하기 며칠 전부터 맞이할 준비가 시작된다. 러시아에서는 빵과 소금을 들고 문 앞에서 손님을 맞이하는 전통이 있었다. 여주인은 자수를 놓은 수건 위에 직접 구운 빵을 올리고 문 앞으로 가져가 손님을 반겼다. 가장자리에 수를 놓은 흰색의 아마포를 빵 받침으로 사용했는데, 이것은 여행자의 발걸음을 집으로 안내하는 것을 의미했다. 빵과 소금으로 맞이하는 것은 평화와 선(善)을 기원하고 신의 자비를 구하는 것이었다. 빵과 소금은 풍요와 번영의 상징이었고, 특히 소금은 일종의 부적이었다.

사진 5-1번 소금 종지가 든 카라바이 빵
출처 : https://zen.yandex.ru/media/id/5f9ab96bdd8ec15dff
830827/soljenicyn-i-kritika-5f9ade5e38725f3ad6fdb6d4

손님을 따뜻하게 맞이한 후에는 집안으로 들여 상석
에 앉혔다. 러시아에서 상석은 성경에 나오는 인물들
의 형상을 그린 이콘화가 있는 곳을 말한다. 흔히 이
곳을 '붉은 구석(red corner)'이라고 일컫는다. '붉다'라
는 말은 색깔이 아닌 '아름답다' 또는 '성스럽다'라는 가
치의 의미다. 모스크바의 '붉은 광장' 역시 바로 이와 같
은 뜻에서 파생했다. '집은 구석이 아닌 파이(pie)로 아
름답다'라는 러시아속담이 있다. 농가의 구석을 비싸고
귀중한 물건으로 화려하게 장식하는 러시아의 전통에
서 비롯된 이 말은 집은 크지 않아도 먹을 것이 풍족
하다. 즉 '집주인은 부(富)가 아니라 환대로 평가를 받
는다'라는 뜻이다. 붉은 구석은 통상 난로의 왼쪽에 있
게 마련이었고, 평소에는 집주인이 앉지만 결혼 잔치
가 열릴 때는 신혼부부가 앉았다. 손님이 올 예정이라
면 당연히 이 장소는 손님을 위해 비워 놓아야 했다.
슬라브 민족들 사이에서도 러시아어에만 특징적으로
나타나는 '붉다'라는 말의 상징성이 손님맞이에도 적
용되어 집주인은 손님을 위한 '붉은 자리(red place)'를
마련해야 했다.
　전통에 따라 가장이 모든 사람에게 소금과 빵 한

조각을 나눠주는 것으로 식사가 시작되었다. 오랫동안 고대하던 손님이 왔을 경우, 주인은 식탁 머리에 놓인 특별한 접시에서 음식을 덜어 손님에게 놓아주었다. 이는 손님에게 특별한 관심과 존경을 표하는 행동이었다.

손님이 자고 갈 때도 집에서 가장 좋은 자리를 내주었다. 특별한 천으로 덮은 폭이 넓고 육중하고 긴 의자가 바로 그것이다. 벽을 따라 길게 세워져 있는 이 의자는 평소에는 좌석용이지만 밤에는 침대용으로 사용되었다. 러시아의 페치카(벽난로)는 우리의 온돌과도 같은 효과가 있다. 벽에서 살짝 앞으로 돌출해있는 페치카의 구조상 위에 올라가 앉거나 누울 수가 있다. 한밤중이나 새벽녘이 되면 페치카 위의 침상은 적당한 온기를 품은 공간이 되어 몸을 따뜻하게 데울 수 있다. 집안에서 가장 따뜻하고 편안한 장소인 이곳은 평소 노인과 아이들을 위한 잠자리 공간이지만 손님이 오면 마땅히 양보해야 했다.

또한, 손님을 배웅하는 데도 나름의 전통이 있었다. 러시아에서는 길을 떠나기 전 마지막으로 술 한잔을 마시고 마음을 가다듬으며 잠시 앉아있는 관례가 있다.

집주인은 손님에게 길에서 먹을 음식을 챙겨주고 순조로운 여행이 되길 기원했다. 옛날에는 제대로 된 길도 없던 시절이라 먼 길을 떠나는 것 자체가 고통이었다. 떠나는 손님 뒤로 '길이 식탁보처럼 펼쳐지길'이라는 축복의 말을 건넸다. 이는 식탁보처럼 부드럽고 순탄한 길이 그의 앞에 펼쳐지기를 바라는 염원이었다.

매일의 식사는 희생제물을 앞에 놓고 전능자를 향해 호소하는, 즉 일종의 신과의 대화였다. 경건하고 떨리는 마음으로 음식을 대하면 음식은 성화(聖化)된다. 목축업자에게는 가축의 고기가, 농부에게는 농산물이 신성하게 여겨지는 것처럼 슬라브인에게는 빵과 소금이 신성하게 여겨졌다, 빵과 소금이 함께 하면 풍성한 음식, 환대, 진심을 상징했다. '빵이 없으면 죽음, 소금이 없으면 음식도 아니다'라는 말에서 알 수 있듯 빵과 소금은 이들의 일상생활에서 중요한 자리를 차지했다.

손님을 빵과 소금이 준비된 식탁에 앉히지 않는 건 상대방의 초대를 거절하는 것만큼이나 용납될 수 없는 것이었다. '빵과 소금은 왕도 거절하지 않는다'라는 말이 있을 정도로 환대를 표현하고 그것을 받아들이는 것은 상호 간의 우정과 신뢰를 보장하는 행동이었다.

빵과 소금을 맛본 사람은 그것을 대접한 사람에게 해를 끼칠 수 없었다. 배은망덕한 사람에게 가하는 가장 큰 비난이 '당신은 내 빵과 소금을 잊으셨군요'라는 말이었다.

또한, 빵과 소금이 없는 잔치와 결혼식은 있을 수 없었다. 소금 종지를 중앙에 올려놓은 둥근 빵은 행복과 부, 충만함을 기원하고 결혼으로 신분이 바뀌는 신랑과 신부를 악한 세력과 그 영향으로부터 보호했다. 러시아인은 '빵과 소금'이라는 말만 해도 악령을 쫓아낼 수 있다고 믿었다. '빵과 소금'은 그 자체로 신성한 말이었고, 식사 중인 사람을 만나거나 식사를 마무리할 때도 사용했다. 그러므로 '빵과 소금'은 오늘날 '식사를 맛있게 하세요'라는 말에 상응하는 것이었다.

기독교 전통에서 빵은 그리스도의 몸을 상징하는 동시에 신의 선물을 뜻한다. 신은 인간에게 빵 조각을 나눠주고, 인간은 자신에게 할당된 몫인 운명, 행복을 받아들인다. 전통문화에서 빵은 축복이자 맹세의 의미였다. 러시아인은 식탁에서 빵이 사라지지 않고 빵부스러기를 쓸어버리지 않는다면, 그 집은 풍요롭고 복이 가득할 것이라 믿었다. 그들은 빵부스러기도 그냥 버리지 않고 손바닥으로 쓸어모아 난로에 태우거나 새들에게 먹이로 주었다. 성상(聖像) 아래 놓인 둥근 빵 한 덩어리는 신과 인간을 하나로 맺어주는 상징이었으며, 이 빵이 집안에 신의 은총을 가져다주리라는 믿음을 갖고 있었다.

17세기 러시아의 큰 수도원들은 군주를 축복하며 왕실의 연회에 참회청문승(懺悔聽聞僧)의 빵인 검은 호밀빵을 보냈다. 이 빵은 차르의 식탁 맨 앞에 놓았다. 또한, 식사를 시작할 때 궁정 고관들은 커다랗고 긴 빵을 차르에게 가져와 식사에 참여한 모든 사람에게 지위 고하를 막론하고 나눠주었다. 빵을 받아들인 후 차르를 배신한 사람은 신에 의해 버림받고 저주받은 자로 간주되었다.

소금은 충실함과 우정, 불변의 상징이었으며 불행과 다툼이 있는 곳에 치유와 화해의 의미로 뿌려졌다. 식탁에서 다른 사람에게 소금을 건넬 때는 크게 웃어야 다시는 다툼이 일어나지 않았다. 웃음은 악령으로부터 이들의 관계를 보호해주었다. 웃음은 인간이 살아있다는 표시, 살아있을 뿐 아니라 활기차고 힘과 에너지로 가득하다는 것을 뜻하므로 악령이 설 자리가 없었다.

또한, 불화를 피하는 의미에서 왼쪽 어깨너머로 소금을 뿌리고 침을 뱉었다. 이때 '그(악한 자)들끼리 싸우게 하시고 그리스도는 우리와 함께하시길!'이라는 말로 적대적인 세력을 몰아냈다. 소금은 '불길한 눈'으로부터 보호해주는 부적처럼 일상생활뿐 아니라 개인과 사회에 중요한 의식이 있을 때마다 어둠 세계가 영향을 미치지 못하도록 막는 역할을 했다.

이렇듯 소금은 러시아의 강한 기독교 전통과도 연결된다. 러시아에서 소금과 관련한 사람들의 행위는 예수와 최후의 만찬으로부터 유래한다. 최후의 만찬에서 예수는 그릇에 손을 넣는 자가 자신을 배신할 것이라고 했는데 그때 마침 가룟 유다가 손을 넣었다. 그릇에 손을 넣는 유다의 행위는 러시아인들에게 배반의 상징으로 간주되어 소금 그릇에 빵을 담그는 행위가 금지되었다. 소금 그릇에서 소금을 집는 것 역시 유다의 이미지와 연관되는 것이라 금기시했다. 손가락이나 칼, 칼자루로 소금 그릇에서 소금을 집는 사람은 집안의 은밀한 적이자 자살한 유다로 간주되었다. 이러한 이유에서 러시아 식탁에서는 절대로 소금 그릇을 손에서 손으로 건네지 않는다. 소금 그릇 가까이에 있는 사람은 멀리 앉은 사람이 집어갈 수 있도록 근처에 옮겨 놓아줄 뿐이다. 전설에 따르면 유다의 배신으로 인해 빵을 소금 그릇에 찍어 먹을 수 없던 예수 그리스도는 부활하고 난 후 승천할 때까지 지상에 머무르면서 소금을 식탁에 뿌려놓은 집에만 들어갔다고 한다. 이는 옛 러시아 집주인들이 식사와 식탁보에 소금을 뿌리는 행위의 기원이 되었다.

빵과 소금은 식용으로 사용되는 것 이외에도 집을 보호하고 행복을 가져다주며 친근한 감정과 신뢰를 드러내었다. 작은 조각과 부스러기일지라도 빵과 소금은 소중히 여기고 높이 받들었다. 고대 슬라브인의 가정에서는 집에 빵과 소금이 많이 있으면 부유하다고 여겼다. 집안의 부유함을 나타내는 빵과 소금을 보여주는 것은 타인과 이 부를 나눌 준비가 되어있다는 증명이었다. '빵과 소금'이 존재하는 집은 배부르고 따뜻할 것이며, 당신을 받아들일 준비가 되어있다고 말하는 것과 같았다.

오늘날 각국의 정상이나 귀빈들이 러시아를 방문하면 전통의상 차림의 사람들이 소금 종지가 올려진 커다랗고 둥근 빵을 들고나와 맞이한다. 자수가 놓인 하

사진 5-2번 프랑스 배우 피에르 리샤르를 환영하는 모습
출처 : https://media.elitsy.ru/otvety/gostepriimstvo-i-hristianstvo/

얀 천에 화려하게 장식된 빵은 손님을 맞이하기 위해 오랫동안 준비한 정성스러움을 고스란히 드러낸다. 이들의 열렬한 환대에 감사하기 위해서는 빵을 약간 뜯어내어 종지에 든 소금에 찍어 먹어야 한다. 이로써 서로 마음을 열고 신뢰와 우호 관계를 쌓겠다는 약속이 맺어지는 것이다. 러시아의 전통으로서 '빵과 소금'의 환대 문화는 볼거리뿐 아니라 더불어 사는 것을 소중하게 생각하는 러시아인의 따뜻한 마음을 느낄 수 있게 한다.

보드카를 위한 변명:
절제와 '말'의 향연

2020년부터 시작된 코로나 19는 우리 삶에 많은 변화를 가져다주었다. 팬데믹 초기 벨라루스의 루카셴코 대통령이 내놓은 방역 조언은 전 세계의 이목을 집중시켰다. 매일 보드카를 마시고 하루에 두세 번씩 건식 사우나를 하라는 것이었다. 황당하기 이를 데 없는 방책에 실소를 금치 못하겠지만, 이러한 조언 뒤에는 구소련권에서 오랫동안 치료제로 사용되어온 보드카에 대한 신념이 밑바탕하고 있다.

　보드카(vodka)는 14세기부터 만들어진 무색, 무미, 무취의 증류주로, 러시아어로 물을 뜻하는 '보다(voda)'에서 유래했다. 러시아인은 보드카 없이는 살 수 없으며 매일, 그것도 엄청난 양을 마신다고 생각하는 사람이 많다. 결론부터 말하면 잘못된 편견이다. 러시아에서는 보드카를 마실 때 나름의 도(道)가 있다. 러시아에는 '취하려고 마시는 게 아니라 건강을 위해 마신다'라는 말이 있다. 기후와 환경으로 인해 독주(毒酒)를 선호할 뿐 러시아의 술 문화는 의외로 낭만과 유희적 요소로 가득한 특징이 있다.

보드카는 러시아를 상징하는 대표적인 술이지만, 의외로 그 기원은 폴란드에서 시작되었다. 14세기에 알코올 증류 기술이 신성 로마 제국에서 폴란드로 전해졌다. 16세기에 이르러 폴란드에서는 증류주가 보급되기 시작했고, '자극성이 강한 술', 목이 화끈거린다는 의미의 '고렐카'라고 불렀다. 하지만 당시의 보드카가 곡물로 만들어졌는지는 알 수 없고, 17세기 초반에 이르러서야 곡물, 그중에서도 호밀이 보드카의 주원료로 사용된 것을 확인할 수 있다.

러시아에서는 1399년 보드카의 전신이라고 할 수 있는 '끓인 술' 및 호프와 꿀을 '달인 술' 등에 대한 사료가 남아있다. 기록에 따르면 제노바 상인이 러시아에 알코올을 가져오면서 14세기부터 보드카의 역사가 시작되었다는 것을 알 수 있다. 정교에서 가톨릭으로 개종했던 수도사 이시도르(Isidor)가 1430년 보드카라고 불리던 곡물 발효주를 만들었다는 설이 서유럽에 널리 퍼져있지만, 이는 서유럽 사람들이 만들어낸 신화에 불과하다. 1440년에서 1470년 사이 러시아의 한 수도 원에는 양조장이 있었으며, 그곳에서 곡물 발효 알코 올로 보드카를 만들었다는 기록이 존재한다. 그렇다 해도 이것은 보드카라기보다는 맥주에 가까웠을 것으 로 보고 있다. 보드카의 존재에 관한 가장 신뢰할 만 한 근거는 1517년 러시아에서 추위를 피하고자 귀리로 목구멍이 타는 듯한 액체와 알코올을 만들었다는 것과 이들이 독일인, 폴란드인처럼 맥주와 보드카를 마셨다 는 내용이다.

러시아의 보드카는 19세기 중반까지만 해도 주로 호 밀로 만들었지만, 이후 밀과 감자를 이용한 것이 등장 했다. 감자로 만든 보드카는 곡물 보드카에 비해 맛이 한참 떨어졌지만, 기술의 발달로 맛도 좋아지고 호밀 로 만든 곡주보다 가격도 훨씬 저렴해서 서민들에게 인기가 많았다. 보드카의 맛을 제대로 즐기려면 차갑 게 냉각시켜 마셔야 한다. 살짝 냉동을 시키면 보드카 는 젤리처럼 점성이 생기는데, 이럴 때 본연의 풍미가 잘 산다고 알려져 있다. 러시아에서 만든 초기의 보드 카는 곡물 발효주였지 물과 알코올 혼합 형태가 아니 었다. 증류주로서의 형태를 갖추게 된 것은 원소 주기

율표의 창시자로 유명한 멘델레예프 덕택이었다.

멘델레예프(1834-1907)는 흔히 '보드카의 아버지'라고 일컫는다. 오늘날 보드카가 물과 알코올의 이상적인 비율로 만들어지는 데에는 그의 공이 컸다. 그의 박사학위논문 <알코올과 물의 혼합에 관하여>(1865)에서 인간의 입맛에 가장 적합하며 숙취가 적은 도수는 40도라고 밝힌 것으로 전해진다.

그러나 여기에는 하나의 반전이 있으니, 보드카의 도수가 표준화된 것은 이미 멘델레예프보다 한 세기 이전인 표트르 대제(1672-1725) 치세 때였다. 당시 사람들은 보드카의 품질과 물의 희석 여부를 확인하기 위해서 가열하고 불을 붙이는 실험을 가했다. 물과 알코올의 혼합물은 그 특성상 지나치게 고품질인 경우 절반 이상이 타버리기 때문에 이를 방지하기 위하여 알코올 함량이 38도에서 39도 사이로 조절되었다.

멘델레예프는 알코올의 중량이 46%인 용액이 가장 큰 압축이라는 것을 증명했을 뿐이었다. 더 큰 반전은 멘델레예프가 『러시아의 지식』(1907)이라는 책에서 자신은 평생에 걸쳐 보드카를 마신 적이 없으며, 소금과 독이 많이 들어간 맛 외에 보드카의 맛을 전혀 모른다고 밝힌 것이다. 사실 멘델레예프는 보드카의 맛이나 향, 이점과 위험에 대해 언급한 적이 없고, 보드카 속의 알코올과 물의 이상적인 비율에 대해서도 관심을 갖지 않았다. 멘델레예프가 보드카를 발명했다는 것은 정설처럼 퍼져있지만, 이는 사실상 과장된 신화에 불과하다. 멘델레예프의 발명설은 보드카 생산자로 유명한 표트르 스미르노프(1831-1898)에게서 흘러나온 것이었다.

스미르노프는 멘델레예프의 명성을 이용해 그가 자신이 만드는 보드카와 관련이 있다는 소문을 냈다. 멘델레예프는 젊은 시절 유명 보드카 제조업자인 바실리 코코레프와 협력한 바 있었다. 그때도 석유 생산 및 운송 분야의 고문 자격으로 참여했을 뿐, 보드카 생산 업무와는 거리가 멀었다. 보드카의 도수가 40도로 정착한 결정적 계기는 러시아 재무부 장관 레이테른(1820-1890)이 보드카의 도수를 38.5도에서 40도로 반올림하자고 제안하면서부터였다. 이는 보드카의 품질이나 부드러운 목넘김을 고려해서가 아니라 세금 계산 때문이었다. 당시는 도수에 따라 세금을 매기는 방식이었기에 소수점 이하의 숫자로 계산이 복잡해지는 것을 막고 주세도 높이는 일거양득의 효과를 노린 것이었다.

보드카가 러시아에서 인기를 누리게 된 데에는 추위가 절대적인 역할을 했다. 보드카는 알코올음료의 기능 외에도 민간치료제로 사용되었다. 특히 감기 치료제로 널리 알려져 있다. 보드카에 붉은 고추나 후추를 우려내서 마시거나 또는 꿀과 라즈베리를 섞은 후 해열제와 함께 뜨거운 물을 타서 마신다. 그러면 적당히 땀이 나고 감기가 쉽게 낫는다. 또한 고열이 있을 시 몸에 보드카를 바르는 비법이 소련 시절부터 전해져왔다. 알코올이 휘발되면서 체온이 떨어지는 효과를 얻기 때문이다. 입술 주위에 발진이 생겼을 때는 뜨겁게 데운 보드카를 화장 솜에 적셔 손상된 부위에 두드려 바른다. 치통으로 고생할 때는 입안을 헹구는 항균제로 사용하고, 귀에 통증이 생겼을 때는 보드카 찜질로 통증을 완화시킨다. 붉은 고추를 우려낸 보드카를 두피에 바르면 소독과 함께 적당한 자극이 되어 혈류를 증가시키기 때문에 머리칼을 건강하고 윤기 있게 만든다.

또한 보드카는 잡냄새를 없애고 음식의 맛에 집중할 수 있게 한다. 러시아에는 특별한 향신료가 없는 대신 보드카가 음식의 맛을 돋우는 역할을 한다. 마치 우리의 생강과 맛술이 내는 효과처럼 보드카는 식욕을 돋

우고 소화를 도우며 음식의 맛을 향상시킨다. 보드카
는 강력한 강장제이기도 하다. 적절한 양의 보드카는
권태와 우울, 무기력함을 이겨낼 수 있는 약이다.

사진 6-1번 그라핀(목이 긴 유리병)과 룜카(술잔)
출처 : https://alcosecret.ru/chem-zakusyvat-vodku-10-tsennyh-sovetov/

　러시아에서는 보드카를 병 단위로 주문하지 않는다.
보통 다른 음료들은 리터 단위를 사용하지만 럼주와
보드카, 코냑 등의 독주는 그램 단위를 사용한다. 식당
에서 100그램, 200그램, 300그램 단위로 주문을 하면,
플라스크 모양의 유리병에 보드카를 담아 내온다. 그
램 단위로 먹는 습관은 소련 시절의 금주령과 보드카

배급제에서 비롯되었지만, 이제는 하나의 문화로 자리를 잡았다. 보드카 잔은 '륨카'라고 일컬으며, 50그램의 크기로 우리의 소주잔과 거의 동일하다. 보드카의 첫 잔은 단숨에 들이킨다. 러시아어로 '바닥까지(do dna)'를 뜻하는 원샷 이후에 술잔을 뒤집어 머리 위로 들어 보이며 비웠다는 표시를 하기도 한다.

술자리를 파할 때에는 길 떠나기 전 마지막 술이란 의미의 '나 포사쇼크(na pososhok)'를 마신다. 포샤쇼크는 '지팡이'라는 뜻으로, '나 포샤쇼크'는 지팡이에 의지해 간다는 장난스런 말이다. 마지막 잔 역시 단숨에 들이키는 것이 예의다. 러시아에도 우리와 마찬가지로 해장술 문화가 있는 것이 특징적이다. 보드카를 마시지 않는 사람에게 자주 사용하는 속담이 있다. 첫 잔은 막대기(를 쑤셔놓는 것) 같지만, 두 번째 잔은 매(가 날아가는 것) 같고, 그 다음 잔부터는 작은 새(가 날아가는 것) 같다고 한다. 보드카의 화끈한 맛을 두려워하는 이들에게 마시면 마실수록 부드럽다고 설득시키는 말이다.

러시아인은 건배사 없이 술을 마시지 않는다. 보통 식탁에 앉은 남자들 가운데 모임을 주도할 한 사람을 정한다. 조지아(Georgia) 말로 '타마다(tamada)'라고 하는 '장(長)' 또는 '리더'를 의미하는 이 사람은 파티나 여러 사람이 모든 자리에서 직접 건배를 제안하거나 모임에 배석한 사람에게 건배를 제안해줄 것을 부탁하는 역할을 한다. 러시아의 전통에 따르면 모임에는 성찬과 더불어 풍성한 '(건배의) 말'이 있어야 한다. 식탁에서 쏟아내는 화려하고 멋진 말은 상대방에 대한 정중한 예의를 나타내기 때문이다. 돌아가면서 서로에게 덕담을 나누고 음식을 대접하는 여주인을 칭찬하는 등의 건배사는 러시아인의 넉넉한 마음을 그대로 드러낸다.

러시아에서는 술잔을 들고 받으면 복이 달아난다 해서 잔을 들지 않고 받는다. 우리와는 달리 잔에 술이 남아 있더라도 새 술로 신선하게 만든다는 취지에서 첨잔이 가능하다. 술을 따를 때는 차나 물을 따를 때와 마찬가지로 잔이 넘치기 직전까지 가득 붓는다. 보드카에 어울리는 안주로는 절인 오이와 청어, 흑빵, 살로(salo, 소금에 절인 비계)가 인기 있다.

보드카는 정치적 통제수단으로도 자주 이용되었다. 예카테리나 2세(1729-1796)는 '취한 민중을 다스리기란 쉽다'는 말을 즐겨 사용하며 중독에 대한 경각심을 일깨웠다. 러시아인이 보드카를 즐겨 마시게 된 데에는 의외로 종교적인 이유가 숨어 있기도 하다. 일각에서는 페르시아의 철학자이자 의학자인 이븐 시나(Ibn Sina)가 정류(精溜)를 얻는 방법으로 증류를 언급한 것을 토대로 알코올의 역사를 무슬림 사회로부터 시작된다고 보기도 한다. 하지만 무슬림 사회는 술을 거부해서 이후 알코올 음료가 발달하지 않았다. 정교를 수용한 러시아는 무슬림이 술을 거부하는 것 때문에 이에 대한 반작용으로 더욱 술 문화에 열린 태도를 취했다는 설이 있다.

1985년 고르바초프는 개혁 정책의 일환으로 금주법을 시행하였다. 주류 판매시간을 오후 2시에서 5시로 제한하고 21세 미만은 술을 구입할 수 없게 했다. 소련에서 직장 내의 음주는 공공연한 일이었고 취한 상태로 출근하는 사람도 많았다. 그러자 집에서 밀주를 만들어 먹는 일이 잦아졌고 알코올에 대한 집착으로 온갖 것으로 술을 만들어 먹는 풍조가 생겨났다. 소련 붕괴 이후 재정난이 심각했던 1990년대에는 보드카가 화폐를 대신해서 급여로 지불되었다. 그로 인해 술 소비량이 늘어날 수밖에 없는 웃지 못할 상황이 벌어지기도 했다. 러시아 남성의 평균 연령이 다른 나라에 비해

10년 이상 낮은 이유도 보드카 때문이었다. 보드카를 마시고 시비 끝에 폭력으로 급사하거나 길에서 동사(凍死)하는 비율이 상당히 높은 편이다. 보드카가 러시아의 부정적인 면들을 보여주기도 하지만, 한편으로는 러시아의 자존심과 결부되는 중요한 코드이기도 하다. 러시아 보드카의 대표적 브랜드 '스미르노프'를 두고 미국과 벌인 오랜 원조 논쟁이 바로 그것이다.

오늘날 '벨루가', '루스키 스탄다르트', '스톨리츠나야' 등 다양한 보드카 브랜드들이 알려져 있지만, 세계 최고의 보드카라고 하면 많은 사람들이 '스미르노프'를 떠올린다. '스미르노프'는 처음에는 러시아의 것이었지만 여러 우여곡절 속에 미국이 독점권을 갖게 되었다. 멘델레예프를 보드카 원조에 끌어들였던 바로 그 인물, 표트르 스미르노프는 황실에 보드카를 공급하던 거상(巨商)으로 1860년에 출시된 자신의 이름을 딴 보드카로 유명세를 떨쳤다.

1893년 표트르가 죽은 후 아들인 니콜라이와 블라디미르가 그의 사업을 물려받으면서 '스미르노프'는 러시아 보드카의 대명사로 통할 정도로 성장했다. 볼셰비키 혁명으로 보드카 공장이 국유화되자 블라디미르

사진 6-2번 러시아산 '스미르노프' 보드카
출처 : https://forumsamogon.ru/vodka-smirnov-i-ee-oso
bennosti/

는 1920년 터키의 이스탄불로 터전을 옮겼다. 1924년
에는 폴란드령이었던 르보프(오늘날의 우크라이나)로 이
동해 'Smirnoff'라는 신제품을 출시했다. 결과는 대성공이
었고, 유럽전역으로 수출될 만큼 상승세를 탔다. 1925년
에는 프랑스에도 양조장을 열 정도로 'Smirnoff'의 시대
가 활짝 열리게 되었다.

1933년에 블라디미르는 미국으로 이주한 러시아 출
신의 루돌프 쿠네트(Rudolf Kunett)에게 보드카 생산 권
한을 양도했다. 1937년 쿠네트는 'Smirnoff'의 권리를
휴블레인(Heublein)의 사장 존 마틴에게 넘겼고, 휴블레

인은 이후 'Smirnoff'를 세계 최고의 보드카로 성장시켰다. 러시아 문화를 상징하는 보드카의 세계적인 브랜드가 미국에서 생산되는, 러시아인들로서는 인정하기 어려운 현상이 나타났던 것이다. 러시아에서 자취를 감춘 '스미르노프' 보드카를 되살리기 위한 노력이 1992년부터 본격적으로 시작되었다. 표트르 스미르노프의 고증손자 보리스가 주축이 되어 러시아산 진짜 '스미르노프' 보드카를 생산하려는 움직임이 일어났다. 러시아산 '스미르노프'는 밀로 만드는 미국산 'Smirnoff'와는 맛의 차별화를 두고 정통 보드카를 표방하기 위해 러시아에서 생산되는 일반 보드카에 가까운 생산 방식으로 선회했다. 병모양도 예전의 모습과 흡사하게 만들었다. 그러자 수십 년간 'Smirnoff'를 생산해오던 미국 양조회사에서 상표 사용금지 처분 신청을 냈고, 브랜드에 대한 권리를 갖고 있다고 생각한 러시아 양조회사가 반소를 제기하면서 러시아에서 생산되는 '스미르노프'는 키릴문자로, 미국에서 생산되는 것은 로마자로 표기하는 것으로 결론이 났다.

보드카로 상징되는 러시아지만, 정작 이들의 음주문화는 속도와 양이 아닌 풍요로운 '말'의 가치로 승부

한다. 오늘날에는 책임질 수 없는 말이 난무하고 '말'의 인플레이션 또한 심하지만, 러시아인은 잔치와 모임에서 덕담 가운데 나누는 진심 어린 '말'과 칭찬, 감사로 진정성을 표현해왔다. 보드카는 이들의 만남에서 서로를 통하게 하는 매개체로 오랜 시간 사랑을 받아왔다. 우리가 흔히 인식하는, 보드카로 인해 고주망태가 되어 온갖 기행을 저지르는 러시아인의 음주문화는 사실 덕담을 중심으로 관계를 형성하는 러시아 술자리의 본질과 거리가 있는 것이다. 추위와 한때의 어려운 경제사정으로 폭음을 일삼았던 것도 사실이지만, 보드카와 진정 어린 말을 통해 따뜻한 인간관계의 형성을 추구했던 것 또한 러시아의 중요한 음주문화라는 사실을 기억하면서 보드카에 담긴 다양한 의미를 되새겨보길 제안한다.

07

마트료시카:
브랜드로서의 가치와
창조적 영감의 원천

러시아를 방문하는 여행객이 가장 선호하는 기념품은 아마도 마트료시카일 것이다. 러시아의 전통공예품으로 알려져 있지만, 의외로 마트료시카의 역사는 120년밖에 되지 않았다. 더 놀라운 것은 이 인형이 러시아 고유의 것이라기보다는 동아시아 문화와의 접촉과 영향에 의해 만들어졌다는 점이다. 그럼에도 불구하고 마트료시카는 오늘날 러시아를 대표하는 문화 브랜드로 성장하여 디자인과 회화, 광고 등에서 활발하게 사용되고 있다. 마트료시카가 전통의 범주를 넘어 현대적 예술·문화 코드로 거듭날 수 있었던 배경을 살펴보는 것은 브랜드 가치로서의 마트료시카가 지닌 저력을 이해하는 데 도움이 될 것이다.

마트료시카는 머리에 스카프를 쓰고 민속 의상을 입은 젊은 여인의 모습을 한 목각 인형이다. 인형 안에 똑같은 형상의 작은 인형이 들어간 형태로, 보통 5개에서 30개까지 이르는 세트로 구성되어있다. 전문가들은 마트료시카가 어린이의 두뇌 발달과 교육에 도움이 된다고 한다. 아이들이 색깔, 크기, 부피와 같은 개념을 배우고, 하나씩 포개어 접는 과정을 통해 손과 눈의 협응력을 키울 수 있다. 또한, 낱개를 모으고 숫자를 세는 법을 배움으로써 논리적 사고력까지도 키울 수 있다.

마트료시카는 1890년 모스크바 근교의 예술인 마을 아브람체보(Abramtsevo)에서 시작되었다. 이곳은 19세기 말 철도와 철강 산업으로 큰 부를 이룬 사바 마몬토프(Savva Mamontov)의 영지였다. 예술에 대한 식견이 높았던 마몬토프는 아브람체보를 개방하여 당대의 유명한 문인과 화가들이 자유롭게 예술과 창작 활동에 매진할 수 있도록 했다. 아브람체보는 미술과 공예의 중심지이자 당대 최고의 예술가들이 모여 새로운 예술 형식을 탐구하는 실험장이었다. 바스네초프, 브루벨, 폴레노프, 수리코프, 세로프, 레비탄, 코로빈, 레핀 등 러시아를 대표하는 화가들이 아브람체보를 거쳐 갔거나 관련이 있었다.

아브람체보에서 마트료시카를 처음 만든 사람은 나무 선반공 바실리 즈뵤즈도츠킨이었다. 하지만 당시 그의 나이는 14살에 불과해 걸작을 기대하기란 어려웠다. 1898년 즈뵤즈도츠킨은 모스크바 시내의 한 공방에 일자리를 구한다. 이 공방은 사바 마몬토프의 형수인 마리야 마몬토바가 <아동 교육>이란 이름으로 낸 장난감 상점의 부속시설이었다. 바로 이 공방에서 러시아 최초의 마트료시카가 탄생하였다. 전통의상 사라판을 입은 인형에게 마트료시카라는 이름이 붙여졌다.

마트료시카는 '마트료나' 또는 '마트료샤'에서 유래한 애칭(愛稱)으로 혁명 이전까지 러시아 농촌에서는 아주 흔한 이름 중 하나였다. 마트료나는 라틴어 'mater'에서 기원한 이름으로 로마 시대에는 '결혼한 여인', 또는 존경하는 부인, 여주인, 어머니를 의미했다. 이 이름은 건강하고 풍채 좋은 모습을 지닌 대가족의 어머니를 연상시켰다. 여러 개의 인형을 품고 있는 마트료시카는 모성, 다산, 대가족, 풍요로움을 상징한다.

즈뵤즈도츠킨이 깎아 만든 나무 인형에 그림을 그려 넣은 화가는 세르게이 말류틴이었다. 푸시킨의 동화 『술탄 황제 이야기』(1897판)와 『루슬란과 류드밀라』(1898판), 『죽은 왕자와 일곱 명의 용사들』(1910판), 『황금 수탉』(1913판)에 수록된 뛰어난 삽화가 바로 그의 작품이었다. 말류틴의 삽화와 그래픽은 프랑스의 아르누보에 비견되는 '러시아 모데른(모던)'의 특징을 잘 보여주었다. 즈뵤즈도츠킨과 말류틴이 함께 만든 마트료시카는 8개로 이루어져 있었다. 가장 큰 인형인 통통한 모습의 아가씨는 수탉을 손에 들고, 자매 중 한 명은 손에 카라바이(karavay) 빵을, 다른 한 명은 낫을 들고 있었다. 대가족 사이에는 빨간 루바시카(러시아 전통셔츠)를 입은 귀여운 남동생도 있었다. 이처럼 최초의 마트료시카는 소녀에서 소년, 그리고 강보에 싸인 아이에 이르기까지 다양한 연령의 목각 인형이 서로 다른 모습으로 그려져 있었다.

마트료시카는 일본 인형에서 아이디어를 얻었다고 전해진다. 일본 인형이 러시아의 마트료시카에 영향을 준 과정에 대해서는 다양한 이야기가 존재한다. 가장 널리 알려진 설은 사바 마몬토프의 부인인 엘리자베타 마몬토바가 파리의 한 기념품 상점에서 사온 일본의 알 수 없는 인형 - 그것이 후쿠루마, 다루마, 혹은 코케시였다는 다양한 의견이 있지만 - 을 가져와 손님들에게 보여주었고, 즈뵤즈도츠킨에게도 제작에 관한 아이디어를 제공했다는 것이다. 혹자는 엘리자베타가 직접 일본에서 사왔다고 주장하기도 하며, 다른 이들은 이 인형을 가져온 사람이 장난감 가게를 운영하던 마리야 마몬토바 또는 그녀의 남편인 아나톨리 마몬토프였다고 전하기도 한다. 일본 측의 주장은 이와는 약간 차이가 있다. 가나가와현 하코네에는 러시아정교의 피서관(避暑館)이 있었는데, 한 수도사가 이곳에서 하코네 시치후쿠 인형(칠복신 인형)을 마몬토프家에 줄 선물로 가져갔고, 이것을 본 러시아인에 의해 마트료시카가 만들어졌다는 것이다. 어떤 경로를 거쳤든 간에 당대 예술의 집약지였던 아브람체보에 일본 인형이 등장했고, 그로 인해 마트료시카의 역사가 시작되었다는 것만은 분명해 보인다.

하지만 겹 인형의 원조를 찾아보자면 일본이 아닌 중국 송나라 시대로 거슬러 올라가야 한다. 송나라의 목수에 의해 처음으로 제작된 것으로 여겨지는 상자 안의 상자 콘셉트가 바다 건너 일본으로 넘어가 칠복신(七福神) 인형이 되었고, 칠복신 인형은 또다시 러시아로 건너가 마트료시카를 탄생시키는데 일조했다. 비록 겹 인형 콘셉트가 일본으로부터 건너온 것이긴 하지만, 행운과 관련된 7명의 신으로 이뤄진 세트 인형이 온전히 러시아의 것으로 재탄생하게 된 것은 러시아가 가진 예술적 저력이 작용했다고 봐야 한다. 일본 내 일부 지역에서만 찾아볼 수 있는 칠복신은 러시아로 건너가한 국가의 문화를 대표하는 마스코트로 발전되었다. 러시아는 타의 것을 들여와 자신의 것으로 발전시키는힘이 강한 나라였다. 일본의 입장에서 봤을 때 자신들의 대머리 인형이 러시아의 민속 의상을 입은 통통한소녀 인형으로 재탄생될 줄은 몰랐을 것이다. 러시아인들은 칠복신에서 얻은 아이디어를 자국의 문화와 결합시켜 '러시아 스타일'로 완벽하게 구현해내었다. 러시아화(Russification) 과정을 거쳐 고유한 문화상징으로 발전시켰다는 점에서 러시아인은 마트료시카에 강한 자부심을 가지고 있다.

마트료시카의 탄생에는 러시아의 달걀 공예도 작용했다. 로마노프 왕조의 마지막 시기였던 1885년부터 1917년에 이르기까지 러시아 황실은 매년 '파베르제의 달걀'을 선물하는 전통이 있었다. 러시아 황실의 보물인 '파베르제의 달걀'이 제작될 수 있었던 것은 정교의 전통덕택이었다. 그만큼 러시아의 달걀 공예는 역사와 문화가 깊었다. 러시아에는 예로부터 부활절 달걀을 채색하는 풍습이 있었다. 이러한 방법이 마트료시카 채색에도 적용되었다. 17세기에 등장한 러시아의 민속공예품 '호흘로마(khokhloma)'의 채색 방식도 마트료시카에 영향을 미쳤다. 호흘로마는 나무로 만든 그릇과 접시, 숟가락에 널리 사용되던 민속 공예로, 검은 바탕에 빨강, 녹색 및 금색 톤으로 나뭇잎, 열매, 꽃잎 등을 장식했다.

스뵤즈도츠킨이 처음 만든 인형은 꽁꽁 싸맨 모습이 수녀를 연상시키고 귀머거리처럼 보여서 우스꽝스러웠다. 장인(匠人) 벨로프와 코노발로프의 조언에 따라 스뵤즈도츠킨은 다른 방식으로 인형을 만들었다. 이 두 장인이 스뵤즈도츠킨의 인형을 마몬토프에게 보여주자, 마몬토프는 제품을 승인하고 아르바트에서 일하던 화가들에게 그림을 그리도록 했다. 그리하여 1900년 파리 만국 박람회에 출품된 마트료시카는 러시아 가정의 분위기를 잘 묘사했다는 평가와 함께 동메달을 수상했다. 마트료시카는 베를린에서 런던에 이르기까지 매년 유럽 전시회를 돌았다.

1908년에서 1914년 사이 세르게이 댜길레프(Sergei Diaghilev)는 러시아 발레단(Ballets Russes)을 이끌고 파리에 가서 '러시아 시즌(Russian Seasons)'을 성공적으로 치러냈다. 이 덕분에 유럽에서는 러시아에 대한 관

심이 높아졌고, 덩달아 마트료시카가 대중화되는 데에
도 결정적 역할을 했다. 19세기 말 러시아에서는 예술
에 대한 관심이 높아지면서 쟁반부터 농기구, 자수 간
판에 이르기까지 일상적 생활용품의 미적 가치가 대두
되었다. 이와 같은 분위기 속에 마트료시카는 러시아
스타일로의 변모와 발전을 거듭할 수 있었다.

1905년 모스크바에 있던 <아동 교육> 상점의 공방이
문을 닫자, 마트료시카의 생산지가 세르기예프 포사드의
공방으로 옮겨갔다. 전설에 따르면 1340년에 설립된 세
르기예프 삼위일체 수도원의 원장이었던 세르게이 라도
네시스키가 '삼위일체' 인형을 만들어 아이들에게 선물
했다고 한다. 차르의 자제들이 갖고 놀던 장난감 중에도
나무로 만든 '삼위일체' 인형이 있었다. 그 인형은 차
르가 가족들을 데리고 세르기예프 삼위일체 수도원으로
순례를 왔을 때 세르기예프 포사드에서 사들인 것이었
다. 마트료시카보다도 훨씬 이전에 이미 유사한 스타일
의 인형 역사가 이곳에서 시작되었다고 여겨지는 대목
이다. 마트료시카는 세르기예프 포사드로 옮겨 온 뒤
이곳 스타일의 예술작품으로 발전해 대규모로 생산되
기 시작했다. 세르기예프 포사드의 이콘 화가들은 마트

료시카의 독창적인 스타일을 개발하였다. 그들은 주로 사람의 얼굴과 모습에 집중했다. 마트료시카는 일반적으로 3개, 5개, 또는 12개로 구성되었다.

사진 7-1번 일상의 테마를 담은 마트료시카
출처 : https://imatreshki.ru/stati/article_post/pochemu-
matreshku-nazvali-matreshkoj

마트료시카에는 전통적인 일상 주제들이 묘사되었고, 주로 여인들의 노동이 반영되었다. 머리에 두건을 쓴 농사꾼 소녀, 춤추는 농부, 잔뜩 멋을 부린 귀족 마님과 경기병이 그려졌다. 마트료시카는 산딸기 바구니, 수확용 낫, 우유가 든 항아리, 꽃다발을 든 사라판을 입은 소녀 또는 머리에 숄을 두른 털외투 차림의 소녀들, 손에 촛불을 든 신부와 신랑, 피리를 든 목동, 덥수룩한 수염의 노인 등 다양한 삶을 그려 냈다. 때때로 마트료시카는 가족 전체를 묘사하기도 했다. 그렇게 만들어진 마트료시카는 조각품인 동시에 회화이며 러시아의 이미지이자 영혼이었다. 1911년에는 이미 전 세계 14개국에 수출할 정도로 마트료시카의 인기가 높아졌다.

시간이 흐르면서 마트료시카 작화는 동화 및 우화의 내용, 정교의 성인 묘사 등 전통적인 것으로부터 정치적 풍자 형태에 이르기까지 다양화되었다. 1912년부터 마트료시카는 유명 인물의 얼굴이 새겨지는 데 활용되기도 했다. 보로디노 전투 100주년을 기념하여 러시아의 쿠투조프 장군과 나폴레옹이 각각 자신의 참모들과 함께 세트로 구성된 마트료시카가 만들어졌다. 또한, 문학가 고골(N. Gogol)을 기념하면서 그의 작품 『검찰관』과 『타라스 불바』의 등장인물이 제작되기도 했다.

1980년대 후반 페레스트로이카 시기에는 소비에트 지도자들이 마트료시카의 주인공으로 등장했다. 가장 큰 인형인 레닌을 열면 스탈린, 흐루쇼프, 브레즈네프, 고르바초프 등의 인물 순으로 작은 인형들이 들어있었다. 오늘날에는 러시아를 대표하는 문학가, 음악가들을 비롯하여

사진 7-2번 정치인들을 모델로 한 마트료시카
출처 : http://parnasse.ru/poetry/humor/satirical/matryoshki.html

다양한 주제와 모티브들로 구성된 마트료시카를 볼 수 있다. 마트료시카는 자고르스크(現 세르기예프 포사드), 트베리, 세묘노프, 고로제츠, 폴호프-마이단, 뱌트카 등 생산지마다 각기 다른 스타일로 차별화된 모습을 가지고 있다. 색채 묘사와 얼굴 생김새, 표현의 중점, 니스 칠의 여부 등으로 지역적 특성을 엿볼 수 있다.

마트료시카는 점차 디자인이 다양해지고 인형의 개수도 많아졌다. 1913년 48개짜리가 만들어진 것을 비롯하여 1967년에는 혁명 50주년을 기념하는 50개짜리 마트료시카가 등장했다. 러시아에서 가장 큰 마트료시카는 니즈니노브고로드주(州)의 세묘노프에서 만들어졌다. 1970년 일본에서 열린 <엑스포 70> 참가를 위해 만들어진 1미터 높이의 마트료시카에는 72개의 작은 마트료시카가 들어있었다. 세계에서 가장 큰 것은 중국 만주에 있는 30미터 높이의 마트료시카이다. 우정의 상징으로 중국, 몽골, 러시아 세 소녀의 이미지로 그려진 것이 특징이다.

현재 마트료시카는 세계적인 디자이너들에게 영감의 원천이 되고 있다. 이는 오늘날 세계 디자인 산업에서 '러시아 테마'로 많은 디자이너들의 이목이 집중되는 현상을 반영한다. 2018년 돌체 앤 가바나(Dolce & Gabbana)와 훌라(Furla), 코치(Coach)에서 마트료시카가 그려진 가방을 한정판으로 출시한 바 있다. 이보다 앞선 2009년 겐조(Kenzo)의 향수 컬렉션에는 마트료시카가 향수용 케이스로 등장했으며, 2009-2010 FW컬렉션에서는 샤넬의 수석디자이너 칼 라거펠트(Karl Lagerfeld)가 마트료시카에서 아이디어를 얻어 클러치를 제작한 바 있다. 이 컬렉션에서는 러시아의 상징인 쌍두독수리와 별을 모티브로 한 문양에 샤넬 로고가 새겨진 다이아몬드 브로치, 양식화한 마트료시카 등이 미니백과 팔찌, 펜던트로 선보이며 많은 이들의 눈을 즐겁게 했다. 칼 라거펠트는 샤넬의 설립자 코코 샤넬(Coco Chanel)의 러시아에 대한 남다른 사랑을 그와 같은 지대한 관심으로 해석해내었다.

마트료시카는 다양한 분야의 디자이너와 작가들에게 상상력을 제공해주기도 한다. 폭스바겐의 주력 차종 중 하나인 '골프(GOLF)' 모델의 광고는 자동차 안에 5인 가족과 강아지 한 마리가 들어있는 공간 묘사로 눈길을 끌었는데 이는 마트료시카의 겹 인형 콘셉트를 모티브로 한 것이었다. 또한 차(茶)나 초콜릿의 포장용기, 다양한 액세서리, 텀블러, 찻주전자 덮개 등 다양한 생활용품의 디자인에도 마트료시카의 콘셉트가 적용되고 있다.

오랜 세월 이어 내려온 공예 예술과 회화, 조각술이 종합적으로 어우러진 마트료시카는 다산과 풍요를 상징하는 그 이름의 의미대로 여전한 생산력과 확장성을 자랑하고 있다. 어린이의 장난감으로만 머문 것이 아닌 많은 예술가들의 영감으로 이어져 2차, 3차의 예술작품으로 확대될 뿐만 아니라 러시아 국가 브랜드로서의 가치를 톡톡히 해내고 있다. 오늘날 러시아는 마트료시카가 가진 인상적 이미지를 바탕으로 고유한 문화적 정체성을 강화하고 있다. 러시아의 상징과 이미지로서 마트료시카의 생명력이 더욱 기대되는 것은 그것이 가진 무한한 확장성과 다양한 예술 분야에서의 영감을 불러일으키는 원천으로 작용하고 있기 때문일 것이다.

08

키지섬:

도끼로 만들어낸 목조 신화

러시아 북서부에 위치한 유럽에서 두 번째로 큰 규모의 오네가 호수는 1650개의 섬으로 이루어져 있다. 그중 하나인 키지(Kizhi)섬은 길이 5.5km에 최대 폭이 1.5km로, 비교적 작은 크기임에도 불구하고 명소들이 많기로 유명한 곳이다. 섬 전체가 하나의 박물관이라 할 만큼 이곳에는 80여개에 이르는 수많은 중세 목조건축들이 남아있다. 오네가 호수의 변화무쌍한 기상 탓에 여름철 정해진 날짜에만 들어갈 수 있을 만큼 제한적인 이곳은 러시아인이 자랑하는 관광명소이다. 키지섬은 러시아 북부 카렐리야 공화국의 수도인 페트로자보드스크에서 68킬로미터 떨어져 있다. 페트로자보드스크는 '표트르의 공장'이라는 명칭으로, 18세기 철광석이 필요했던 표트르 대제에 의해 건설되었다.

키지 박물관은 처음에는 예수변모교회(프레오브라젠스카야 교회)와 성모중보교회(포크롭스카야 교회), 종탑 등

3개의 건물로만 구성되어 있었다. 하지만 세월이 흐르면서 여기에 작은 예배당과 주택, 생활 도구 및 헛간, 사우나, 온실 등 별채가 추가되면서 그 규모가 커졌다. 이와 같은 대부분의 역사적인 건물은 자오네지예의 여러 지역에서 다년에 걸쳐 옮겨온 것이었고, 그리하여 19세기 후반부터 20세기 초에 이르러서는 제법 크기가 큰 지역 마을이 형성되었다.

키지 포고스트(pogost)의 경관은 여러 개의 양파형 돔으로 이뤄진 예수변모교회와 성모중보교회, 종탑의 조화를 통해 아름다운 조형미를 보여준다. 동화 속에 나올 것처럼 아름다운 이곳은 1990년 유네스코 세계문화유산에 등재되었다. '포고스트(pogost)'는 정착촌의 명칭 뒤에 붙여 사용하기도 하는데, 과거에는 여러 마을로 이루어진 행정적, 지역적 단위의 정착촌을 지칭했으나 오늘날에는 벽지 농촌 교회와 묘지의 조합을 지칭한다. 키지 포고스트 역시 이곳의 교회 뒤편으로 작은 묘지가 있어 붙여진 명칭이다. 포고스트는 대개 땅에 담이나 울타리로 경계선을 쳐서 외부인의 이용을 막는데, 키지 포고스트를 에워싸고 있는 담장은 두 채의 교회와 종탑을 포함하고 있다. 1959년에 재건된 300미터 길이의 담장에는 망루와 문이 있어 역사적인 요새를 연상시킨다. 여기에 거대한 통나무 구조물과 맞배지붕은 웅장함을 더해준다. 중앙의 양쪽문은 성모중보교회 근처 서쪽에 있다. 담장의 중심부에는 널판으로 이뤄진 덧문의 창이 있고, 구석의 탑은 조각한 첨탑이 장식하고 있다.

사진 8-1번 키지 포고스트
출처 : https://oko7.ru/kizhi

이곳의 특별한 자부심은 북유럽 최고의 목조 건물이자 세계에서 가장 아름다운 종교 건물 목록에 포함된 예수변모교회이다. 화려한 아름다움을 자랑하는 예수변모교회는 1694년 화재로 소실된 샤트로바야 교회 부지에 1714년에 세워졌다. 6층 구조의 통나무로 지어진 이 건물은 길이 29미터, 폭 20.6미터, 높이 37미터의 규모이며 다층의 경사진 지붕에 설치된 22개의 크고 작은 양파형 돔으로 장식되어 있다. 22개의 돔은 예수와 그의 제자들을 상징하는 숫자 13과 9품(九品)으로 나뉜 천사계급의 합으로, 정교의 교회에서는 상당히 보기 드물게 많은 돔 숫자를 자랑한다.

놀라운 사실은 복잡한 구조와 큰 규모에도 불구하고 돔과 지붕의 널(wood plate)을 제외한 몸체에는 단 한 개의 못도 사용되지 않았고 오직 도끼 하나만 사용하여 지었다는 점에 있다. 교회 지붕을 감싸고 있는 작고 얇은 나무 편들은 마치 물고기의 비늘처럼 보이는데, 돔의 이 '비늘'을 고정하기 위해서만 작은 못이 사용되었을 뿐이다. 이곳은 난방시설이 없어 동계 기간에는 예배가 없기 때문에 '여름 교회'로 불린다. 전설에 따르면 이 교회를 지은 목수 네스토르는 작업을 끝내고 가장 높은 돔에 붉은 리본을 묶고 도끼를 오네가 호수에 던지며 '이와 같이 멋진 교회는 그 어디에도 없었고, 지금도 없으며 앞으로도 없을 것이다'라고 외쳤다고 한다.

또 다른 전설은 섬의 독특한 지형과 관련이 있다. 오네가 호수는 빙하기를 벗어나던 만 이천년 전에 형성되었는데, 그와 같은 흔적이 키지섬에서 발견된다. 섬에는 커다란 얼음덩어리가 녹으면서 형성된 분화구들이 발견되며, 그중에는 최대 3m 깊이에 이르는 것도 있다. 전설에 따르면 이 분화구 중 하나에 한 젊은이의 집이 있었는데, 그는 당시의 관습과는 달리 환락파티를 즐겼고 그 죄에 대한 형벌로 집이 무너졌다. 이때 두 명의 소녀에게만 빨리 집을 버리고 도망치라는 환상이 보였다. 그들은 이 말에 순종하고 집을 나섰지만, 집에서 멀어질수록 호기심이 더욱 그들을 사로잡았다. 궁금증을 참지 못했던 두 소녀는 떠나온 집을 보려고 뒤를 돌아보자마자 그 즉시 전나무로 변했다. 그리하여 소녀들은 지금도 섬에서 두 그루의 전나무로 자라고 있다는 것이다.

제2차 세계대전과 관련된 흥미로운 이야기도 있다. 1941년 11월 12일 핀란드 조종사 라우스 데이 삭셀(Laus-Day Saxel)은 러시아 공격의 표적 중 하나인 오네가 호수에 있는 '크고 오래된 교회'를 파괴하라는 명령을 받았다. 삭셀과 그의 동료는 두 대의 전투기에 나눠 타고 키지로 향했다. 폭탄 투하를 위해 고도를 낮추었을 때 삭셀은 사람들의 손이 닿지 않은 깨끗한 눈을 배경으로 서 있는 키지 포고스트의 장관에 감탄하였다. 아름다움에 감동한 그는 폭탄을 오네가 호수에 떨어뜨리고 자신이 조준을 잘못한 것으로 처리했다. 그는 교회 주변에서 사람을 발견할 수 없었다는 것으로 당국에 보고했고 그것이 무리 없이 받아들여졌다고 한다.

예수변모교회의 내부는 뛰어난 장식으로 눈길을 사로잡는다. 102개의 이콘화로 이뤄진 4층의 이코노스타스는 표현력 있게 새겨진 꽃과 휘감긴 포도나무 덩굴의 금박 프레임에 둘러싸여 있다. 대부분의 이콘화는 18세기의 것이며, 이 중 <중보>와 <변형>만 17세기 말에 그려졌다. 천장의 벽화는 성삼위일체 이외에도 천사들에 둘러싸인 족장들로 장식되어 있다.

예수변모교회 옆에 있는 성모중보교회는 10개의 돔을 가진 소박한 외관으로 구별되지만 두 건물은 서로 조화롭게 보완되는 점이 인상적이다. 성모중보교회의 높이는 26미터이고 총 길이는 32미터, 폭은 8미터에 이른다. 성모중보교회는 1694년에 건립되었지만, 화재로 소실되어 1764년에 재건되었으며, 난방시설을 갖추고 있어 '겨울 교회'라고 불린다. 예수변모교회와 마찬가지로 크기와 곡면(曲面)의 모양이 각기 다른 양파형 돔에 맞춰 나무 조각을 깎아 붙였다. 몸체는 주로 소나무로 만들어졌고, 일부분만 사시나무와 자작나무로 만들어졌다.

키지 포고스트는 예수변모교회 22개, 성모중보교회 10개, 그리고 종탑의 1개 등 총 33개의 돔이 멀리서도 빛난다. 일반적인 정교 교회의 돔이 3개, 5개로 이뤄져 있는 데 반해, 키지 포고스트는 월등히 많은 숫자의 돔으로 남다름을 자랑한다. 숫자 33은 예수의 나이를 상징한다.

교회 건축 이외에도 키지섬에는 역사적 건물과 다양한 볼거리가 있다. 나사로부활교회는 1959년 오네가 호수의 푸도시 주에 있는 무롬 수도원에서 옮겨왔다. 몸체는 소나무, 돔은 사시나무로 지었다. 전설에 의하면 무롬 수도원(1286-1391)의 설립자인 성(聖) 라자리(나사로)에 의해 건립되었다. 14세기에 세워진 나사로부활교회는 러시아에 현존하는 최고(最古)의 목조 건축물로 알려져 있다. 교회는 여러 차례 복원과정을 거쳤다. 그 과정에서 출입문이 생기고 지붕이 교체되었으며, 건물의 뒤틀림 현상이 제거되고 새로운 돔이 설치되었다. 지금은 맞배지붕이 있는 세 개의 헛간으로 구성된 단순하면서도 조화로운 구조를 갖추고 있다. 내부에는 16-18세기의 이콘화로 이뤄진 2층의 이코노스타스가 있다.

키지섬에는 삶의 오랜 지혜를 엿볼 수 있는 건축들이 남아있다. 카렐리야 지방에 몇 개 남지 않은 풍차 중 하나가 이곳에 있다. 1928년 볼코스트로프 마을에 지어진 이 풍차는 1976년 키지섬으로 옮겨와 복원되었고 오늘날에도 가동되고 있다. 공장 내부는 2층으로 되어 있으며, 1층에는 밀가루 분쇄 장치와 제분한 밀가루 상자가 있고, 2층에는 제분용 큰 쇠통, 맷돌, 끝에 날개가 있는 굴대가 있다. 날개가 8개인 이 풍차는 곡물을 갈아서 밀가루를 만드는 본래의 기능을 지금까지도 수행하고 있다.

키지는 또한 세계에서 유일한 순지트(Shungite) 산지로도 유명하다. 러시아어로 슌기트라고도 불리는 이 물질은 다양한 가치와 치유력이 있는 탄소 함유 광물이다. 지구상에서 유일하게 키지섬 부근의 슌가 마을에서만 채취되어 마을 이름을 딴 명칭이 부여되었다. 풀러렌의 함량에 따라 검정색과 은색으로 구분되며 건

알록달록 유라시아 문화로(路)

강팔찌와 목걸이, 화장품과 비누로 만들어져 판매된다. 순지트 제품은 카렐리야에서 가장 인기있는 기념품 중 하나이다.

키지는 러시아 민속 문화의 보고(寶庫)이다. 고대 루시에서 널리 퍼져 있던 고대 영웅서사시들은 오랫동안 잊혀 있다가 19세기에 자오네지예(Zaonezhie)에서 수집되고 채록되었다. 덕분에 볼가와 미쿨라, 일리야 무로메츠, 새의 날개를 가진 인간 솔로베이 라즈보이니크에 대한 이야기 등이 전해올 수 있었다.

사진 8-2번 농부 미쿨라
출처: https://pulse.mail.ru/article/mikula-selyanino
vich-kak-prostoj-pahar-prevzoshyol-vsyu-knyazhe
skuyu-druzhinu-5151346138035568115-70919838
35443533636/

왕자이자 대장인 볼가는 들판에서 땅을 경작하는 미쿨라라는 농부를 발견하는데, 큰 쟁기를 자유자재로 다루는 힘과 무용에 놀라 그를 자신의 부대에 합류시킨다. 평범한 농부가 왕자와 함께 하면서 농부의 일을 존중하도록 가르치는 이 이야기에는 러시아인의 강인함이 묘사되어 있다. 미쿨라는 러시아인이 사랑하는 민담의 영웅 중 하나이자 러시아 농부의 화신(化身) 그 자체였다.

　러시아음악과 문학에 지대한 영향을 끼친 소리꾼 이리나 페도소바(1827-1899)도 키지섬 출신이다. 키지의 원주민으로 유명한 그녀는 러시아 민속 이야기꾼이자 민요연주자였다, 그녀의 곡소리는 너무도 유명해서 성악가 표도르 샬랴핀을 비롯하여 작곡가 림스키 코르사코프와 발레키예프 등의 음악인이 들을 정도였다. 페도소바가 조용히 노래를 읊조리면 듣는 이들이 모두 울음을 터트릴 정도였다고 한다. 문학가 막심 고리키(M. Gorky)는 청년 시절 페도소바와 만난 적이 있었는데, 그때의 인상이 얼마나 강렬했던지 자신의 소설 <클림 삼긴의 생애>(1927) 속에 생생하게 묘사했다.

"다 닳아빠진 알록달록한 머릿수건을 둘러매고 짙은 색의 사라사를 입은, 우스꽝스럽지만 선량하게 생긴 천진난만한 아이 같은 눈과 미소 짓는 둥근 얼굴을 한 주름 가득한 마귀할멈이 몸을 흔들며 무대로 나왔다."

키지섬은 문화를 사랑하는 러시아인의 노력에 의해 오랜 세월에 걸쳐 특별한 야외박물관으로 조성되었다. 키지 포고스트와 조화를 이룰 수 있도록 시대를 대표하는 다양한 전통 목재 건축들을 키지섬으로 옮겨와 보수하고 가꾸는 노력은 일관성 있는 경관을 통한 문화 정체성을 가꾸는 시도라는 점에서 본받을만하다. 도끼 한 자루만으로 세계 어디에도 찾아볼 수 없는 멋진 건축이 탄생할 수 있다는 점도 놀랍지만, 무엇보다도 문화유산을 대하는 러시아인의 진지한 태도와 보존 노력이 오늘날 키지섬을 한 폭의 그림 같은 신화로 만들었다고 볼 수 있다.